누구나
쉽게 만들어 먹는 안주

누구나 쉽게 만들어 먹는 안무

펴 낸 날   2019년 5월 27일

지 은 이   박성영
펴 낸 이   이기성
편집팀장   이윤숙
기획편집   최유윤, 이민선, 정은지
표지디자인   최유윤
책임마케팅   임용섭, 강보현
펴 낸 곳   도서출판 생각나눔
출판등록   제 2018-000288호
주   소   서울 잔다리로7안길 22, 태성빌딩 3층
전   화   02-325-5100
팩   스   02-325-5101
홈페이지   www.생각나눔.kr
이 메 일   bookmain@think-book.com

- 책값은 표지 뒷면에 표기되어 있습니다.
  ISBN 979-11-90089-14-2 (13690)

- 이 도서의 국립중앙도서관 출판 시 도서목록(CIP)은 서지정보유통지원시스템 홈페이지 (http://seoji.nl.go.kr)와 국가자료공동목록시스템(http://www.nl.go.kr/kolisnet)에서 이용하실 수 있습니다(CIP제어번호: CIP2019017095).

Copyright ⓒ 2019 by 박성영 All rights reserved.
· 이 책은 저작권법에 따라 보호받는 저작물이므로 무단전재와 복제를 금지합니다.
· 잘못된 책은 구입하신 곳에서 바꾸어 드립니다.

누구나
쉽게 만들어 먹는
안무

: 태권체조

목차

키워드 스터디

프롤로그

PART 1

× 이야기 1 × 중국의 첫발을 내딛다 · 16

01. 요리 선택: 작품 설계 및 음악 선택 · 20

PART 2

02. 재료 선택1: 동선 고르기 · 34

× 이야기 2 × 중국의 술 문화 · 40

03. 재료 선택2: 동작 고르기 · 44

× 이야기 3 × 중국 여자 · 60

PART 3

04. 소스 추가1: 기초체력 운동 · 66

× 이야기 4 × 중국의 WeChat(웨이신) · 74

05. 소스 추가2: 춤 동작 · 77

× 이야기 5 × 중국 지역 문화 · 82

PART 4

06. 나만의 특별 소스1: 앞, 뒤 이동 동작 · 88
　　× 이야기 6 × 중국의 발 마사지 · 98

07. 나만의 특별 소스2: 시작과 마무리 동작 · 101
　　× 이야기 7 × 중국의 대중교통 · 119

PART 5

08. 잘 먹이고 소화시키는 방법 · 124
　　× 이야기 8 × 중국 태권도장 · 134

부록

아르태 태권체조 기본기 트레이닝 방법 · 138

　상체 기본기 훈련 방법 〈팔, 몸통, 어깨, 목〉 · 139

　하체 기본기 훈련 방법 〈기본 스텝 1, 기본 스텝 2, 응용 스텝〉 · 160

키워드
스터디

01 요리 선택

어떤 작품을 만들 것인가?

02 재료 선택

동선과 동작은 어떻게 구성할까?

03 소스 추가

체조 동작 및 댄스 동작을 넣어보자

04 나만의 특별 소스 만들기

나만의 태권체조 공식을 만들어보자!

05 잘 먹이고 소화시키기

완성된 작품 지도하기

태권도(跆拳道)

태권도는 아무런 무기 없이 언제 어디서나 손과 발을 이용해 공격 또는 방어하는 무도로 신체 단련을 위한 목적과 함께 정신적 무장을 통한 올바른 인간화를 중요시하는 데 큰 의의를 두고 있다.[1]

체조(體操)

신체의 성장·발달을 조장하고 건강과 체력을 증진하기 위한 합리적·과학적인 신체운동.[2]

무(舞: 춤출 무)

춤추다, 뛰어다니다.[3]

태권체조(跆拳體操)

태권도 동작을 음악 및 기타 악기에 맞추어 다양하게 구성한 체조형 동작을 말한다.[4]

태권무(跆拳舞)

태권무의 기본이념은 무술이 갖고 있는 극한적인 절도와 파괴적인 힘을 감동적인 진·선·미의 세계로 승화시켜 이를 통해 전인적 인간완성의 길을 성취하고자 하는 예술이다.[5]

---

1 출처: 스포츠 백과 https://terms.naver.com/entry.nhn?docId=384482&cid=42872&categoryId=42872 (2019년 1월 25일 오후 3시)

2 출처: 두산백과 https://terms.naver.com/entry.nhn?docId=1146991&cid=40942&categoryId=31995 (2019년 1월 25일 오후 2시)

3 출처: 네이버 한자사전 https://hanja.dict.naver.com/hanja?q=%E8%88%9E&cp_code=0&sound_id=0 (2019년 1월 25일 오후 2시 30분)

4 출처: 태권도 용어정보 사전 https://terms.naver.com/entry.nhn?docId=633538&cid=42879&categoryId=42879 (2019년 1월 25일 오후 2시 35분)

5 출처: 태권도 용어정보 사전 https://terms.naver.com/entry.nhn?docId=633536&cid=42879&categoryId=42879 (2019년 1월 25일 오후 3시 12분)

아르태(Art Taekwondo) 태권무는 태권도를 예술로 표현하는 안무입니다.

프롤로그

*태권체조를 터득하면
나만의 큰 무기를 갖게 된다*

   이 책은 태권체조를 전혀 모르는 학생이나 사범, 태권체조를 공부해보고 싶은 사람들이 부담 없이 읽을 수 있는 일종의 태권체조 작품 제작 입문서다. 이미 태권체조 작품 제작에 발을 깊숙이 들여놓은 사람이라도 다시 공부해볼 목적이라면 가볍게 읽어보기에 좋다. 물론 고차원적인 안무 지식과 태권도 지식을 원하는 분이라면 책장을 살포시 덮어도 좋다. 새로운 마음으로 태권체조 공부를 시작하고, 처음 배워보는 방법으로 자기 스스로가 태권체조 작품을 만들어보고, 자기가 원하는 태권체조 작품 스타일과 관점을 찾을 수 있도록 도와주는 것이 이 책의 궁극적인 목표이기 때문이다.

   다들 태권체조를 할 줄 모르는 것보다는 할 줄 아는 게 중요하다고 하는데, 태권체조를 꼭 배워야 할까? 사실 태권도장에서나 겨루기 및 품새 훈련팀에서는 태권체조를 모른다 하더라도 지도하고 수련하는 데 큰 지장은 없다. 지금도 잘 훈련하고 있지 않은가. 다만, 태권체조를 알면 남들보다 자신만의 무기를 하나 더 갖게 된다고 생각하면 된다. 같은 도장이나 팀에서 남들이 하지 못하는 걸 자기만 할 줄 알게 되었을 때 더 인정받는 것은 누구나 다 알 것이다. 몰라도 그만이지만, 막상 알고 나면 그렇게 좋은 능력이 아닐 수가 없다. 어쩌면 태권도에 겨루기나 품새가 없는 것을 생각할 수 없듯이, 나중에는 태권체조가 없는 태권도를 생각할 수 없게 될지도 모른다. 아니, 이미 우리에게는 1992년 세계태권도 한마당에 처음 태권체조 대회가 생긴 이후로 태권체조가 없는 태권도를 상상할 수 없는 단계까지 발전해왔다.

그렇다고 남들과 조금 달라지기 위해 힘들게 공부를 해야 한다고 생각하면 필요성을 크게 못 느낄 수도 있고 거부감을 느낄 수 있다. 일단 태권체조는 쉽게 접근해야 한다. 그런 의미에서 필수적으로 알아야 하는 태권도 동작 및 체력훈련 방법들을 제외하고는 어려운 전문 용어나 정의, 예술적 표현 언어들은 사용하지 않고 내용을 최대한 간단하게 간추리기 위해 노력했다.

앞으로 설명해 나갈 태권체조 안무 제작 공식들이 태권체조를 이해하기에 더 쉬울 수 있도록, 책 속에서 직접 그 공식들을 사용하여 예시를 들어놓고 설명하였으니 큰 걱정 없길 바란다.

또한, 이 책에서는 태권체조를 만드는 전반적인 부분을 포괄적으로 담아내되, 실전에서 활용할 수 있는 공식을 적었고, 책을 덮는 순간 기본 공식들을 응용할 수 있는 정도까지 발전해 나갈 수 있을 거라고 생각한다. 특히, 태권체조 대회나 도장공개심사 또는 아이들이 발표회를 준비할 때, 이 책에 나온 설명이나 공식을 적용한다면 더 쉽게 태권체조에 다가갈 수 있을 것이다. 하지만 세심한 주의는 필요하다. 그렇지 않을 경우, 성적은 보장할 수 없음을 미리 알려드린다.

태권체조가 깊게 생각해보면 쉽지는 않다. 아이들 연령에 따라서 달라지고, 음악에 따라 달라지고, 대회 규정과 공연의 목적에 따라 다르게 제작될 수 있기 때문이다. 우리는 이 책에서 너무 많은 걸 고려하지 않고, 기본에 충실해 나가며 작품을 제작할 것이기 때문에 겁먹지 말자.

솔직히 태권체조, 태권무 안무가여도 상황에 따라서 동작을 구성해내기 어려운 상황도 많다. 하지만 기본 공식들만 알아도 태권체조를 충분히 만들어 활용할 수 있다. 자기가 머릿속으로 그린 그림처럼 태권체조 작품이나 태권무를 이제부터 조금씩 현실화해보자. 어렵다? 시간이 없다? 작품을 안무가에게 의뢰하면 된다? 일단 한번 읽어나 보자. 이해가 되지 않으면 어떠랴. 모르면 어쩔 수 없다는 마음으로 도전해보자.

이 책을 보는 독자들이 태권체조가 필요할 때, 자신만의 작품을 만들어보고 싶을 때, 이제는 YouTube나 Facebook에 올라온 영상들을 찾아서 보고 외우느라 시간을 보내지 않기를 바란다. 더 나아가 독자들이 이 책을 거름 삼아 태권체조를 좋아하고, 일선 도장에서 태권체조를 편안하게 활용할 수 있게 되기를 기대해본다.

  처음 책을 쓰기로 시작한 이후로 3년 이상의 많은 시간이 흘렀다. 한 권의 책이 나오는 것이 정말 쉽지 않은 일이라는 것을 느끼게 되었고, 책 한 권을 쓰기 위해 몇십 권의 책을 읽어야 한다는 것도 알게 되어 오히려 더 공부가 되었다. 앞으로 태권도를 배워나가며 태권체조를 접하게 되는 많은 학생이 더 많은 것을 배워나가고 꿈을 가지게 되길 바란다. 태권체조와 태권무를 계속 연구하고 발전시킬 수 있도록 소중한 가르침과 기회들을 주신 스승님과 안무 선생님들께 감사드립니다.

이야기 1

중국에 첫발을 내딛다

  중국에서 처음으로 태권체조 세미나를 했던 지역은 중국 헤롱장성에 위치한 하얼빈이다. 대학 동기가 하얼빈에서 사범생활을 하던 중, 도장 관장님에게 나를 추천하여 2015년 10월! 기대에 부푼 마음으로 하얼빈에 도착했다.

  한국에서 처음 세미나 준비를 시작할 때 하얼빈에 있는 관장님이 15개~20개 정도의 작품을 준비해 달라고 하셔서 난 2~3달 동안 매일 음악을 찾고 작품을 만들고 총 27개의 작품 영상을 제작하여 하얼빈으로 날아갔다. 정말… 머릿속에 있는 아이디어와 동작들을 하나도 남김없이 쥐어짠 기분이었다.
  세미나에 참여한 관장님과 사범님들 대부분은 태권체조를 처음 접해보는 사람들이었으며, 내가 준비해 간 작품 영상을 동그랗게 모여 앉아 다 같이 보면서 자기가 배우고 싶은 작품을 고르기 시작했다. 작품 하나하나 보여줄 때마다 사람들의 반응을 보며, 내 작품의 완성도를 현장에서 느낄 수 있었다.

그때 당시 나의 작품 하나의 가격은 600위안, 우리나라 돈으로 10만 원 정도 하는 가격이었지만, 총 17명 각자에게 작품의 동작을 알려주면서 세미나를 진행하였고, 이 세미나 기간 동안 9개의 작품을 교육했다. 모두들 마지막 날 영상과 음원을 받고 다음에 또 배우러 오겠다는 말과 따뜻한 웃음을 남기며 세미나를 마무리하였다.

중국어도 아무것도 모르고 친구만 믿고 날아갔던 이 경험은 나에게 앞으로 중국 진출을 위한 큰 동기부여와 목표를 심어주었다.

내가 하고 싶은 안무보단, 대중이 좋아하는 안무를 만들어야 했다

그 후로 약 1년 후, 2017년 1월 중국 푸젠성 지역에서 주최된 태권도 전국 세미나에 원래 가기로 했던 지인의 부상으로 인해 내가 대신 태권체조 교육을 담당하여 가게 되었다. 총 76명의 중국 관장님들과 사범님들이 참여하여 품새, 겨루기, 시범, 태권체조 교육이 진행되었는데, 거울이나 마이크 없이 큰 강당에서 수업을 진행했다. 사람이 너무 많아서 앞, 뒤, 옆 이쪽저쪽 사방을 돌아다니며 동작을 가르쳐주고 각자의 기술 수준이 다 달라서 수업이 생각보다 더디게 진행되었다.

　그 당시 나의 가장 큰 문제는 가르치는 방법의 부족함이었다. 게다가 나만의 스타일이 들어간 더 어려운 작품을 준비하였는데도, 그 당시 주최자가 나에게 "이런 안무는 우리에게 교육해 줘봤자 소용없습니다. 우리는 좀 더 재미있고 외우기 쉬운 것이 필요합니다."라고 말해줬다.

　그 이후로 2년간 중국의 17개가 넘는 지역에서 세미나를 진행하면서 고민하는 것은 매번 똑같은 것이었다.

"그들에게 가장 좋은 안무는 어떻게 만들어야 할까?"
"어떤 안무동작이 더 많은 중국 지도자들에게 알맞을까?"
"너무 쉽지도 않고, 너무 어렵지도 않고, 멋있으면서 간단하며 아이들에게 가르치기 좋은 안무는 어떻게 구성되어야 할까?"
 "어떻게 하면 사람들에게 더 많이 내 안무를 알릴 수 있을까?"

 중국에서 먼저 나를 알리기 위해서는 내가 하고 싶은 안무보단, 대중이 좋아하는 안무를 만들어야 했다. 아무리 멋있고 화려해도, 사범 관장들이 배울 수 없고 도장으로 돌아가 아이들에게 가르칠 수 없는 작품이라면 누구도 필요로 하지 않기 때문이다.
 그들이 필요한 것을 찾아야만 했다.

 시간이 지나며, 이젠 수업을 듣는 지도자들의 몸과 표정에서 느껴진다. '이번 안무는 잘 구성됐구나', '이번 안무는 잘 만들어지지 못한 작품이구나.' 아직도 나는 작품을 만들 때마다, 내 작품을 공부하고 또 그것을 가르쳐야 하는 사람들을 생각해가며 동작을 연구하고 있다.

 당신은 어떤 작품이 필요한가요?

01. 요리 선택: 작품 설계 및 음악 선택

작품 설계하기

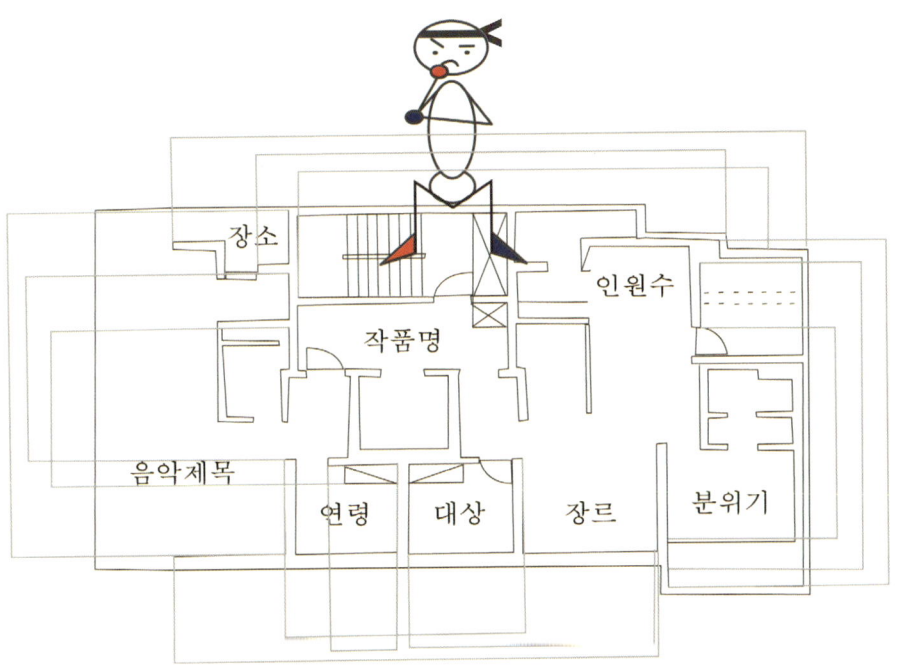

태권체조 작품을 만들기 전에 가장 먼저 생각해야 할 것은 누구를 위한, 무엇을 위해, 어떤 스타일로 할 것인지 정하는 것이다.

아래 예시에서 나온 설계도대로 자기만의 태권체조 작품 설계도를 완성시켜보자.

- 설계도 예시 -

장소	항목	태권도장, 대회, 운동장, 실내 공연장, 학교 강당, 놀이터, 공원, 야외무대, 교회
	선택	태권도장, 대회, 공원, 야외무대
장르	항목	K-POP, 힙합, 팝송, Girls-hip hop, 뮤지컬, 국악, 퓨전 국악, 댄스 음악, 영화 BGM
	선택	K-POP, 댄스 음악
분위기	항목	신나는, 아름다움, 슬픈, 귀여운, 웅장한, 공포, 활발한, 코믹, 7080, 섹시
	선택	신나고, 활발한 분위기

장소	장르	분위기
태권도장, 대회장, 공원, 야외무대에서 할 수 있는	K-POP dance	신나고 활발한 분위기

노래 제목	트와이스- Cheer up

〈실전 적용– 나만의 태권체조 작품 설계도〉

연령대		인원		대상	
장소	항목	태권도장, 대회, 운동장, 실내 공연장, 학교 강당, 놀이터, 공원, 야외무대, 교회			
	선택				
장르	항목	K-POP, 힙합, 팝송, Girls-hip hop, 뮤지컬, 국악, 퓨전 국악, 댄스 음악, 영화 BGM			
	선택				
분위기	항목	신나는, 아름다움, 슬픈, 귀여운, 웅장한, 공포, 활발한, 코믹, 7080, 섹시			
	선택				

장소	장르	분위기

노래 제목	

작품 설계를 하다 보면 많은 사람들이 음악을 찾는 부분에서 가장 고난을 겪는다. 태권체조에서 음악이란, 작품에서 가장 중요한 역할을 할 뿐만 아니라, 태권체조를 배우는 사람들이 더 재미있게 배울 수 있도록 도와준다. 어떤 장르로 할지 정하였는데도 마땅히 마음에 드는 음악을 찾기가 힘들거나, 어디에서 찾아야 할지 모르는 사람들이 대부분이다.

음악 찾기는 곧 시간과의 싸움이다

나 역시 작품을 만들기 전에 음악을 찾아 많은 시간을 투자한다. 인터넷 음악 사이트에서 인기 순위가 높은 순서대로 하나씩 들어보면서 찾아보기도 하고, 내 핸드폰에 있는 음악 목록을 보면서 내가 평소에 좋아하는 음악을 다시 들어보거나, TV 프로그램에서 나오는 배경음악이나 친구들 사이에서 유행을 많이 타고 있는 음악을 선택할 때도 있다.

그렇다. 음악은 처음에 이렇게 찾으면 된다. 음악은 우리 생활 속에서 너무나 많이 존재하기 때문에, 마치 우리의 삶은 음악과 함께 공존하고 있는 것 같다. 음악이 없는 곳을 찾기가 더 어려울 정도이다. 너무 많이 고민하고, 복잡하게 생각하지 말고, 가까운 데서부터, 아니면 찾기 쉬운 곳에서부터 찾기 시작하면서 나의 작품 음악을 선택해보자.

대부분 사람들이 처음 작품을 만들기 시작할 때 음악을 찾는 것 때문에 고민을 많이 하게 된다. 음악을 찾고 찾다가 선택을 하지 못할 경우 30분이 지나기도 전에 작품 만드는 것을 포기하고 싶은 마음이 드는 사람도 있다. 이 책을 통해서 작품 제작을 할 때는 자기가 생각했을 때 제일 좋은 음악 한 가지만 선택하는 것이 아니라, 최대한 여러 스타일의 음악을 찾아서 이 음악 저 음악에 맞춰서 동작을 만들어보자. 그러다 보면 자기가 좋아하는 스타일의 태권체조 작품 음악을 하나둘씩 발견할 것이고 자신이 원하는 작품이 어느 순간 탄생할 것이다.

대한민국 태권도학과 학생들이나 태권도 사범이라면 대부분 이런 말들을 들어봤을 것이다.

학교 선배 또는 관장님께서 나에게 이런 말을 한다.
"괜찮은 음악 좀 찾아봐."
"작품 하나 대충 만들어봐."
"김 사범, 우리도 태권체조 하나 해야 하지 않을까?"
"대학교 시범단 할 때 했던 남는 작품 있냐? 없으면 대충 하나 재미있고 쉽게 간단하게 어렵지 않게 부담 갖지 말고. 내가 소주 한잔 사줄 테니 만들어줘라."

나도 이런 말을 들을 때마다 고민을 많이 했었다.
'괜찮은 음악이 뭐 있지…'
'작품을 대충 어떻게 만들지…'
'맞아, 우리 도장 아이들도 태권체조를 해야 할 것 같은데… 어떤 걸 하지…'
'대학 다닐 때 했던 작품 다 까먹었는데…'
'그래도 소주 한잔 사주신다는데…'

위와 같은 말들을 지금까지 작품 활동을 해오면서 수없이 많이 들어왔고, 지금도 피할 수 없는 상황에 마주쳐야 할 때가 많다. 처음 중학교 3학년 때는 작품을 만들기 위해 어디서부터 시작해야 할지

알지도 못하고 알려주는 사람도 없었다. "모방은 창작의 어머니"라는 말이 있듯이, 처음에는 나 또한 인터넷에 올라온 다른 도장의 작품을 흉내 내고 모방했었다. 그리고 대학교 때부터는 위에서 설명한 바와 같이 여러 인터넷사이트와 나의 핸드폰 음악 목록에서 음악을 골라서 동작을 하나둘 짜맞추기 시작했다.

작품을 다 만든 후, 선배나 관장님 사범님들께 영상을 보내줄 경우, 그분들의 반응은 네 가지였다.

100명 중 1명=1%

1) 음악은 마음에 드는데 동작이 별로라서 다시 수정해 오라는 경우 (45%)
2) 동작은 마음에 드는데 음악이 별로라서 다시 음악을 찾아오라는 경우 (45%)
3) 음악, 동작 둘 다 마음에 들지 않아서 앞으로 다시 이런 작업을 시키지 않는 경우 (9.9%)
4) 둘 다 마음에 안 들지만 나의 능력을 키워주기 위해 계속 시키는 경우 (0.1%)

자, 우리는 위와 같은 경우의 수를 미리 알게 되었다. 내가 과연 저런 과정을 겪어가면서 이겨내고 발전해낼 수 있을까? 첫 번째 과정부터 벌써 지레 겁이 나고 못할 것 같다는 생각이 들 수 있다. 하지만 지금 우리는 누구에게도 검사를 받기 위해 영상을 보내거나 누군가를 위해 음악을 찾는 것이 아닌, 자신만의 공부를 위한 길을 걸어나갈 것이다. 이제 선택은 여러분의 몫이다.

태권도를 처음 다닐 때 태극 1장이 배우기도 어렵고 가르치기도 제일 어려웠다. 하지만 다음 단계를 배우다 보면 1장은 가장 쉽고 간단한 동작이 된다. 음악을 찾는 일도 그냥 신나는 음악 몇 개를 지하철이나 버스 또는 길을 걸으며 듣다 보면 자기가 하고 싶은 작품의 음악을 찾게 될 수 있고, 이 책을 다 읽고 나면 음악만 들어도 어떻게 동작을 구성해 나갈지 머릿속에 자동으로 공식이 그려지고 있을 것이다.

자기의 작품이 완성될 때까지, 이 책과 함께 작품을 처음 구성해 보는 사람들뿐만 아니라, 책을 다 읽고 나서 계속 태권체조를 만들어 나가는 사람들이라면, 나 또한 계속 옆에서 함께 노력해 나갈 것이니 포기하지 말고 함께 끝까지 해보기를 바라며 평생 잊지 못할 자신만의 태권체조 작품을 완성하길 바란다.

태권체조는 절대 혼자서 만드는 것이 아니다. 여기까지 책을 읽었다면, 이미 나와 함께 작품을 만들기 시작했다. 다음 장으로 가서 어떤 경로를 통해 음악을 찾아 나서야 하는지 보고 자신의 작품 설계도에 맞는 음악을 찾아 떠나보자!

유행하는 음악을 찾을 때

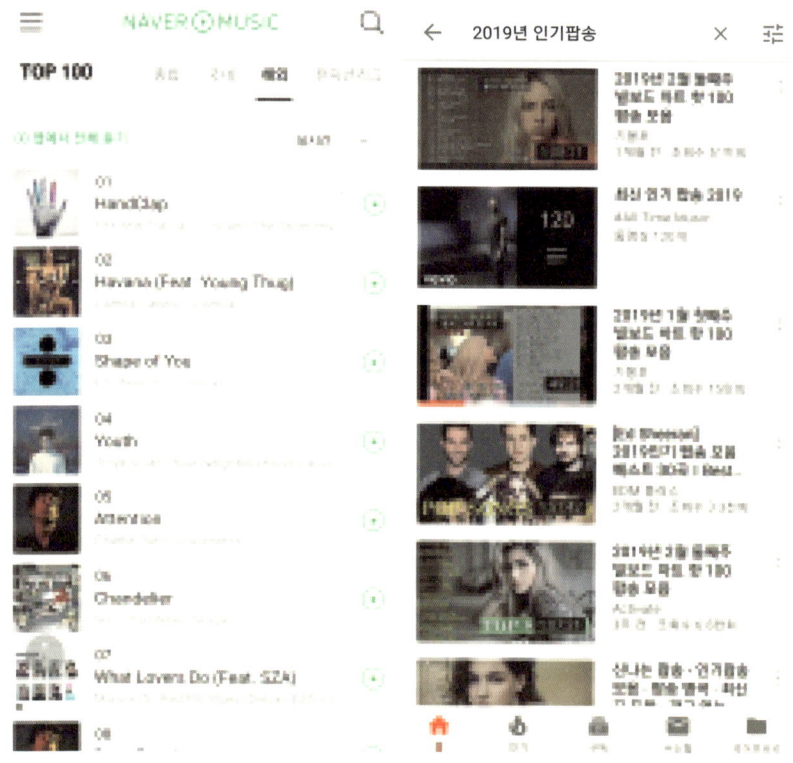

인터넷 검색창(YouTube) 또는 핸드폰 음악 APP(멜론, Mnet 등)에서 당월 순위 또는 당년도 인기 순위를 검색해보면 수많은 음악이 나온다. 난 개인적으로 매일매일 새로운 음악과 창작물이 업데이트되는 YouTube를 가장 자주 이용한다.

특정 장르를 찾을 때

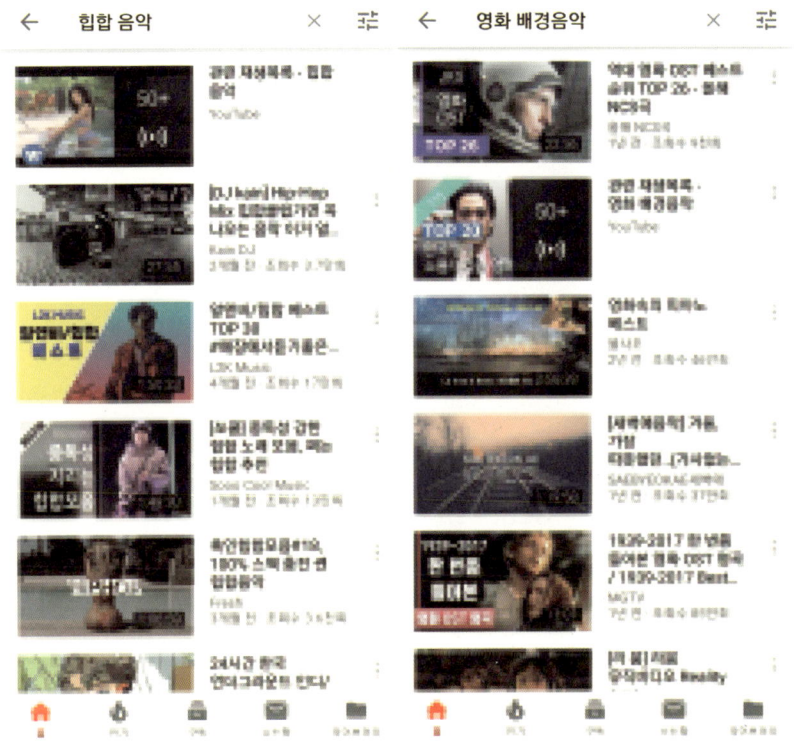

어린이 율동 음악, 신나는 댄스 음악, 영화 배경 음악, 뮤지컬 음악 등등 특정 장르의 음악을 찾을 때는 그와 관련된 검색어를 통해 찾거나, 영화나 드라마 OST 검색을 통해 음악을 찾는 것도 하나의 방법이다.

내가 평소 좋아하는 음악에서 찾을 때

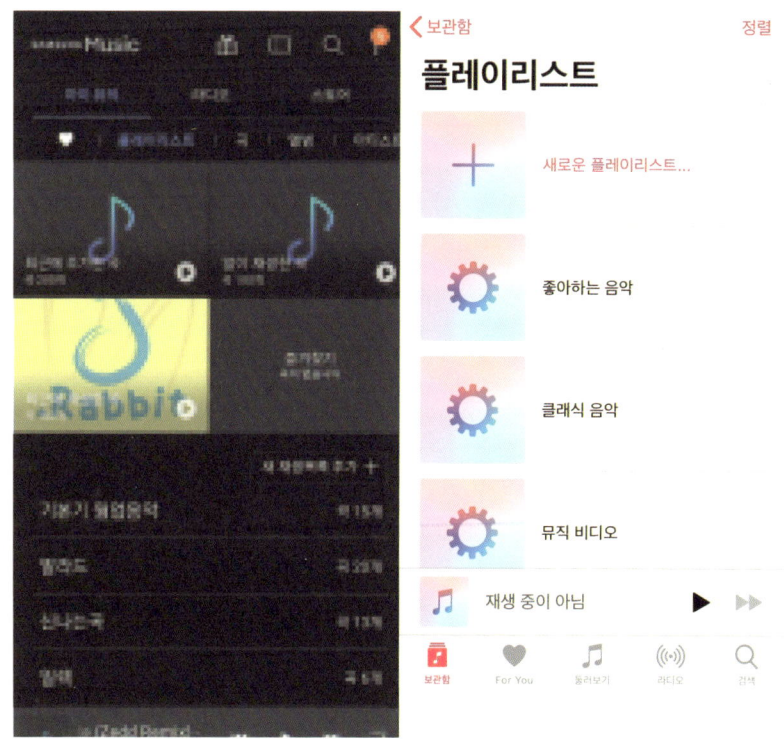

　가장 쉽지만, 가장 선택하기 힘들어하는 목록이 자신의 핸드폰 중에서 음악을 고르는 것이다. 대부분의 노래가 자기가 다 좋아하거나 이미 귀에 익숙하기 때문에 이것도 좋고, 저것도 좋은 것 같고, 고민이 더 많이 되는 경우가 많다.

　하지만, 이렇게 생각해보자.
　"이것도 만들고 저것도 만들어보면 된다."

02. 재료 선택 1: 동선 고르기

동선? 동선이라는 단어를 처음 본 사람들이 있을 수도 있고, 들어는 봤지만 무엇인지 모르는 사람들도 있을 수 있다. 하지만 걱정하지 마라. 우리가 평소 걸어 다니는 길, 지하철, 버스, 자전거를 타고 이동하는 '길'이 바로 동선이다. 그냥 우리가 움직이며 이동하는 길이다.

첫 번째 공식을 풀어내고 태권체조 작품 계획서를 작성하였다면, 지금부터 본격적으로 작품을 구성해 나가기 위해 재료를 찾아 나서야 한다. 신선한 동작? 멋있는 동작? 태권체조를 제작하는 입문 단계에서는 그런 건 필요 없다.

간단한 동작, 즉 아이들이 따라 할 수 있는 동작 선택이 전부이다. 태권도 품새를 해본 사람이라면 우리가 어디서 어디로 이동하며 동작을 하는지 배워본 적이 있을 것이다.

물론, 모르거나 생각해본 적 없었다 할지라도 상관없다. 지금부터 알면 된다.

태권도에서 품새 1장의 길(동선)은 한자 중에서 임금 왕(王) 자와 똑같이 움직인다. 즉, 품새 태극 1장의 동선은 '王'이다.

두 번째 파트에서는 우리가 어디서 출발하여 어디서 태권체조 동작을 마무리할지 길을 정하는 단계이다. 우리가 외출을 할 때, 연인과 데이트를 할 때, 길을 미리 정해놓고 이동한다면 목적지까지 가는 데 있어서 걱정 없이 갈 수 있을 것이다. 이것도 마찬가지이다. 태권체조를 만들기 전에 어디서부터 시작해야 하고 어디로 가서 끝날지 먼저 머릿속으로 길을 그려보고 정하면, 작품을 만드는 데 있어서 50%는 이미 끝났다고 생각하면 된다.

길을 하나 정했을 뿐인데 벌써 50%를 다 만들었다니, 너무 간단하지 않은가? 하지만, '무슨 길? 어떤 길? 어떻게 해야 하는 건데?'라고 생각하며 고민을 처음부터 많이 할 수도 있다. 당연하다. 나도 처음 작품을 만들기 위해서 가장 많이 했던 고민이었다. 하지만 그때는 작품을 만드는 것에 대해 아무도 가르쳐주는 사람도 없었고, 책도 없었다. 그냥 혼자 생각하고 고민하다 보니 시간도 너무 오래

걸렸고, 엉뚱한 생각과 매너리즘에 빠지는 경우도 흔히 있었다.

지금은 처음 기초 단계를 연습해나가고 작품을 구성해 나가는 길을 이 책을 통해서 알아갈 것이니, 그냥 뒤에 나올 공식만 적용해보면서 쉬운 걸 먼저 터득해보는 것이 중요하다. 간단한 방법 중에서 기본적인 것을 이해하고 익힐 줄 알게 된다면 나중에 더 복잡하거나, 자신만의 길을 그릴 수 있는 능력을 갖출 수 있게 될 것이다.

태권체조의 길을 정할 때 중요한 것 중 하나는 장소이다. 태권체조 작품을 할 때 어디서 할지를 먼저 생각해보자. 가장 먼저 떠오르는 곳은 태권도장이다. 태권도장의 구조는 보통 직사각형으로 되어 있다. 물론 타원형이나 삼각형 구조형식으로 인테리어가 되어 있는 도장이 있기는 하지만, 보통 공연장 무대, 강당, 운동장, 태권도장, 공원에 있는 광장 무대 등은 직사각형 모양으로 되어있다. 먼저 그 사각형 안에서 움직인다 생각해보자.

품새를 할 때 1장의 선은 왕(王) 자이지만, 좌우로 많이 움직이지 않을 뿐만 아니라, 더 뒤로 가지 않고 시작했던 지점에서 끝난다. 물론 자기가 특별한 작품을 위해서 시작했던 지점과 끝점을 다르게 할 수 있지만, 지금은 기본적인 방법으로만 작품을 만들어보자. 앞으로 나올 몇 가지 예시를 보고 자기가 선택하고 싶은 것을 골라도 되고, 예시에 나온 그림을 참고해서 자기만의 길을 창작해봐도 좋다.

동선 하나 선택하기 전에 부연 설명이 너무 많았는가? 자 이제 자신이 만들어갈 태권체조 작품의 동선을 선택해보자!

아래 10가지 기본 동선 중에서 자기가 만들고 싶은 작품의 동선 선택하기

(빨간 점: 시작 지점)

나의 작품 동선 *예시*

NOTE

자신의 태권체조 작품의 동선은?

이야기 2

중국의 술 문화

남자의 쓸데없는 자존심

중국의 술 문화 하면 이야기할 것이 너무 많다. 지역마다 마시는 술의 종류부터 사람마다 술을 권하는 모습까지 너무 다양하다. 중국을 40번 이상 왔다 갔다 하면서 가장 중요하게 느낀 것은 대부분의 중국 남자 사범 관장들이 도수(알코올 농도)가 높은 술을 권하며 자기들의 자존심을 세우려 할 때 절대로 거기에 맞서려고 술을 주는

대로 받아먹으면 안 된다는 것이다. 즉, 쓸데없이 자존심 세우려고 주는 술 다 받아먹다간 자신의 취한 모습이 사진이나 영상으로 찍혀서 웃음거리가 될 가능성이 있기 때문이다.

중국 술자리에 가면 가장 많이 보고 듣는 말과 상황이 7가지 정도 있다.

1) 중국으로 온 외국손님은 먼저 3잔을 다 마시고 술자리를 시작해야 한다.
2) 중국에 오면 꼭 바이지어우(백주)를 마셔봐야 한다. (최소 도수가 42도 이상 하는 일명 독주!)
3) 사범 관장들 한 사람씩 돌아가면서 건배를 하러 온다. (예의를 표하는 사람들도 있지만, 그중 소수는 취하게 하려는 속셈!)
4) 맥주 한 병을 같이 원샷 하자고 한다. (가끔씩 이런 무대포 정신이 있다.)
5) '간배이!'라고 외치며 잔을 서로 부딪치면 무조건 다 마셔야 한다. (우리가 건배라고 말을 하며 마실 때는 무조건 잔을 비우지 않아도 되지만, 중국에서는 '간: 비우다''배이: 잔=잔을 비우다.'라는 의미로 잔을 비워야 한다.)
6) 식당 직원이 물고기 요리를 테이블에 내려놨을 때 물고기 머리가 손님 쪽으로 향해 있다면 3잔을 마셔야 한다.
7) 중국에서 술자리를 할 때 식당의 안에 있는 방에 들어갈 때가 많은데, 가장 귀한 손님(보통 외국에서 온 손님)은 문에서 가장 멀리 떨어진 안쪽 자리에 앉아야 한다.

이 밖에도 여러 가지 상황들이 존재하는데, 한국 태권도인으로서 실수하는 모습을 보이지 않고 좋은 이미지를 지키기 위해서는 여러 상황에서 대처를 잘해야 한다. 처음에 나도 술에는 자신이 있다 생각하며 '그래 한번 덤벼봐라.' 하면서 주는 대로 술을 다 받아먹어가며 술자리를 했지만, 결국 남는 것 후회와 속쓰림이었다.

술자리에서 자신의 이미지가 만들어진다

난 항상 술자리에서 이렇게 말을 한다.

1) 다음날 수업이 있는 경우에는 수업 전날에는 술을 먹지 않는다고 말한다.
2) 술을 잘 먹지 못하니 나는 잔을 한 번에 비우지 않고 조금씩만 마시겠다고 한다.

3) 나에게 독주를 계속 권할 경우, 농담조로 난 한국에서 온 손님이니 한국 술 문화를 알려주겠다고 이렇게 말한다. "저는 현재 태권도 5단인데, 저보다 단수가 낮은 사람들은 5잔을 먼저 마셔야 저랑 한잔할 수 있다"고 하면 모두 웃으며 억지로 먹이려 하는 행동이 잦아든다. (중국 사범관장들은 대부분 단수가 없거나 1~2단이기 때문이다.)

술자리에서 가장 무서운 것은, 그 자리에서의 모습이 중국 사범관장들에게 오래가며, 수업을 할 때도 그 이미지가 지장을 끼칠 수 있다.

예를 들면, 내가 어제저녁에 많이 취했다거나 실수를 했다면, 수업시간에 그 일을 가지고 장난을 치는 경우가 생기는데, 술자리에 없었던 사람들이 그런 말을 들으면 더 많은 사람에게 좋지 않은 이미지가 생길 수 있을 뿐만 아니라, 수업 분위기가 깨질 수 있다.

물론 자신이 정말 술에 자신 있다면 마음껏 즐기며 마셔도 된다. 아는 사람들은 다 알고 있을 테지만 중국에서의 맥주 1병은 우리나라 돈 1,000원 정도이기 때문에 술은 원 없이 마실 수 있도록 대접해줄 것이니, 코가 삐뚤어지도록 마셔 봐도 좋다.

중국 세미나를 위해, 혹은 중국 사범생활을 하면서 가장 명심해둬야 할 점은 우리 한국 사범들은 그들에게 존경받는 위치에 있으며, 그 위치를 지키려면 우리가 중국에 술 먹고 놀러 온 것이 아닌 올바른 태권도 교수법을 전수하며 서로 공부하기 위해 왔다는 것을 잊지 말아야 한다.

03. 재료 선택 2: 동작 고르기

손 막기: 아래 막기, 몸통 막기, 얼굴 막기, 손날 막기, 가위 막기, 헤쳐 막기, 산 틀 막기, 외산 틀 막기

손 공격: 주먹 지르기, 손날 목 치기, 팔꿈치 표적 치기, 아금손 목 치기, 편 손끝 세워 찌르기, 등주먹 치기, 제비품 치기, 표적 치기

발 공격: 앞차기, 돌려차기, 옆차기, 뒤차기, 후려차기, 돌개 차기

서기동작: 나란히 서기, 앞서기, 앞굽이, 뒷굽이, 주춤서기 등등

태권도 동작 중, 위에 나열한 동작들보다 더 많은 동작이 있으며, 새 품새가 나온 뒤 기존의 동작들로 더 다양한 표현이 가능해졌다.

여기서는 어린 친구들에게 가르쳐야 할 때, 혹은 태권체조 작품을 만들 때 쓸 수 있는 몇 가지 동작들만 나열하였는데 더 많은 동작에 대한 연구와 공부가 필요하신 분들은 설명이 더 잘 나와 있는 태권도 서적들이 많이 있으니 이번 기회에 다른 태권도 관련 서적을 구입하여 공부해보는 것을 추천한다.

우리가 선택해야 하는 사항이 너무 많이 있다면, 고민하는 시간이 오래 걸릴 수밖에 없다. 먼저 최대한 시간을 줄이고 간단하게 먼저 작품을 만들어 나가기 위해서는 선택 사항의 폭을 좁게 만들어 놓은 상태에서 구성해보는 것이다.

누가 할 작품인가?

동작을 고르기 전에는 우선적으로 몇 가지 고려해야 할 사항이 있다. 앞서 소개한 동작 중에서는 초보자들이 배우는 동작도 있고, 유단자 품새 동작들도 존재한다. 물론 여러 난이도의 품새 동작들을 작품 안에 다 넣을 수는 있지만, 중요한 것은 그 태권체조 작품을 누가 배울 것인지를 먼저 생각해야 한다.

내가 처음 작품을 만들기 시작할 때, 무조건 다른 도장이나 시범단 작품들보다 더 멋있게 만들기 위해서 어려운 동작 또는 화려한 동작으로만 만들어내려고 노력했었다. 하지만 막상 여러 지역 도장에 가서 직접 지도해본 결과, 한 가지 중요한 점을 놓치고 있었다는 것을 깨닫게 되었다. 내가 만들고 싶은 작품을 만드는 것과 도장에 있는 사범님들과 어린 친구들에게 필요한 작품은 완전 다르다는 것이었다.

즉, 작품을 실제로 배우게 되는 사람들을 우선적으로 고려하지 않고, 내가 가르치고 싶고 만들고 싶은 작품만을 고려했던 것이다.

우리가 보통 태권체조 작품을 만들 때 대회 참가를 목표로 만들 수 있고, 길거리 공연 또는 도장 심사 등의 여러 가지 상황에 맞게 만들 경우가 있지만, 우선 가장 기본적으로 유치원생 및 초등학교 저학년 학생들이 도장에서 쉽게 배우고 따라 할 수 있는 작품을 만들어보자.

유치원생 초등학생들이 쉽고 재미있게 따라 할 수 있는 작품?

두 가지 사항을 같이 고민하면 어렵게 느껴질 수 있다. 초등학생까지 고민할 필요 없다. 태권도를 2~3개월 배운 유치원생들만 생각해보자. 먼저 그 아이들이 잘 따라 할 수 있는 가장 간단한 동작들을 선택하여 작품을 구성해보고 나서 초등학생 또는 더 높은 연령층이 할 수 있는 작품으로 발전해 나가도 절대 늦지 않는다.

유치원생(4~7세) 아이들이 따라 할 수 있는 동작 고르기

공식 1
태극 1장

태권도장에서 품새를 배울 때 가장 먼저 배우는 태극 1장의 기본 동작. 여기 안에서 나오는 동작 중에서 자기가 원하는 3가지 동작을 고른다. 연령과 아이들의 수준에 따라서 다른 품새를 선택할 수 있다. 하지만 태극 1장 안에서 동작을 선택하는 단계를 해보고 난 후에 2장, 3장, 그리고 유단자 품새로 넘어가보는 것을 추천한다.

예) 앞서기 아래 막기, 앞굽이 주먹 지르기, 앞서기 얼굴 막기
빨강색– 오른손, 오른발 / 파란색– 왼손, 왼발 (뒤에 나오는 모든 그림 동일함.)

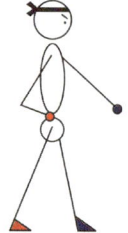 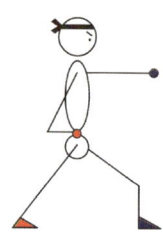 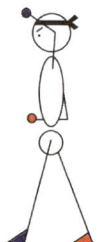

공식 2
왼쪽부터 시작하라

좌, 우, 앞, 뒤 중에서 어느 방향으로 시작할지는 작품을 만드는 사람이 어떤 동선을 선택했느냐에 따라 다르지만, 아이들이 태권체조 작품과 품새를 할 때 서로 헷갈리지 않도록 하기 위해서 아래의 기본 동선 6가지 중 하나를 선택했을 때는 왼쪽부터 시작하는 것을 추천한다.

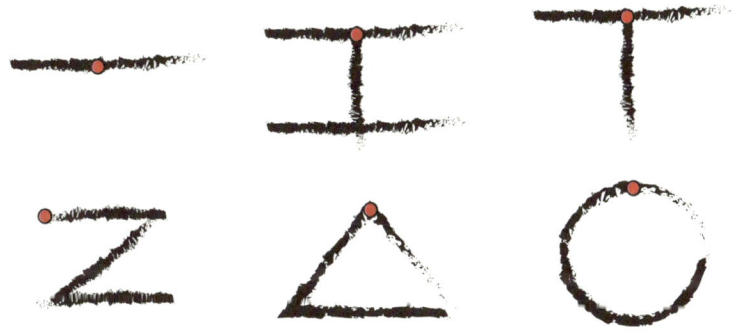

왜냐하면, 아이들이 도장에서 품새를 배울 때 준비서기는 물론이고 태극 1장부터 7장까지 모두 왼쪽으로 시작하기 때문이다.

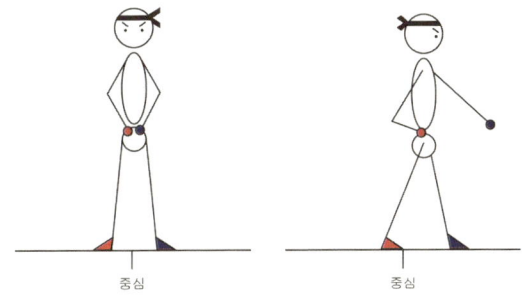

4박자 구성하기

위에서 구성한 3가지 동작으로 4박자에 맞게 동작을 구성하라

예)

1) 왼발 왼손 앞서기 아래 막기 (한 박자)
2) 오른발 나가면서 앞서기 얼굴 막기 예비 손동작 (한 박자)
3) 오른손 얼굴 막기 (한 박자)
4) 왼발 앞으로 나가면서 앞굽이 왼손 주먹 지르기 (한 박자)

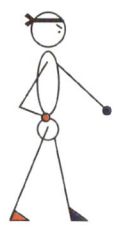 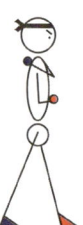 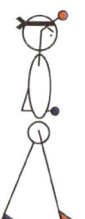 

좌, 우 반복하라

앞서 정한 동작을 이용하여 4박자의 길을 만들었다면 발과 손은 반대로 하여 오른쪽 방향도 똑같이 반복해준다.

예)

1) 오른발 앞서기 오른손 아래 막기 (한 박자)
2) 왼발 앞서기 나가면서 왼손 얼굴 막기 예비 손동작 (한 박자)
3) 왼손 얼굴 막기 (한 박자)
4) 오른발 앞으로 나가면서 앞굽이 오른손 주먹 지르기 (한 박자)

왼쪽부터 동작을 시작하여 오른쪽도 똑같이 반복을 해주면 아래 그림처럼 다시 처음 자리로 돌아온다.

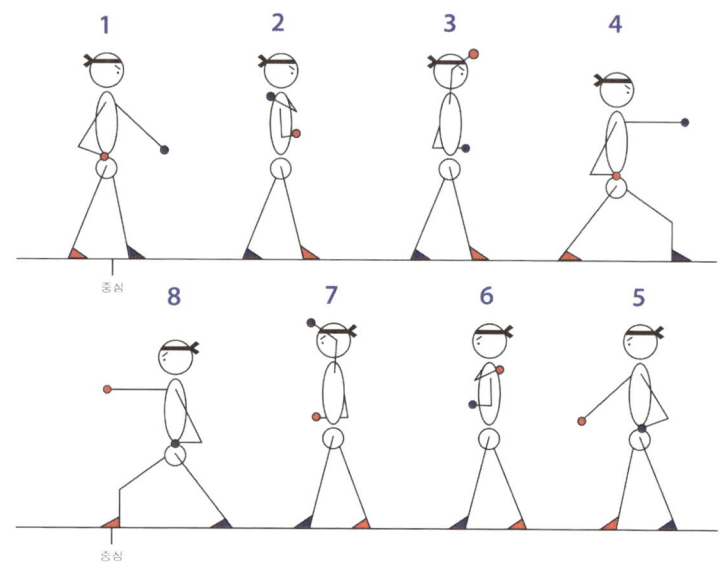

이렇게 다시 중심으로 돌아오게 되면 작품 전체의 균형과 장소 크기에 따라 대형을 맞추는 데 있어 효율적이다.

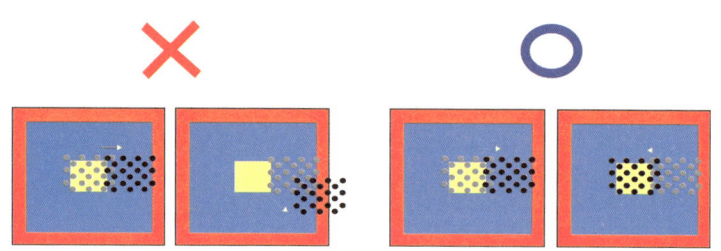

물론 뒤쪽이나 대각선 방향 등 여러 가지 형태의 동선을 따라 동작을 이어 갈 수 있지만, 우선 가장 간단한 방법을 통해 작품을 만들어보도록 하자.

공식 5
박자 쓰기

단순한 동작들도 박자를 어떻게 쓰느냐에 따라서 다르게 구성해 볼 수 있다. 밑에 예시를 통해 자신이 여러 가지 동작의 길을 구성해보자.

예시 1)

모든 3개의 동작을 각각 한 박자로 하고, 마지막 네 번째 한 박자는 세 번째 동작을 한 상태로 가만히 멈춰서 기다렸다가 다음 동작을 계속하는 방법.

예시 2)

2가지 동작을 선택했었다면, 동작을 하기 전 예비 손 한 박자, 본 동작 한 박자, 총 2가지 동작을 하게 되었을 때 4박자에 맞춰 끝나게 된다.

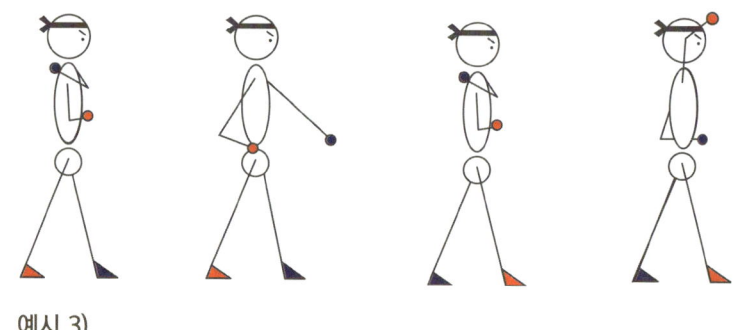

예시 3)

3가지 동작에서 첫 번째 동작을 예비손 한 박자, 나머지 동작을 한 박자씩 해주면 네 번째 박자에 맞춰 끝나게 된다.

    1) 왼발 나가면서 예비동작 한 박자
    2) 본 동작 아래 막기 한 박자
    3) 오른발 나가면서 오른손 주먹 시르기 한 박자
    4) 왼발 나가면서 왼손 얼굴 막기 한 박자

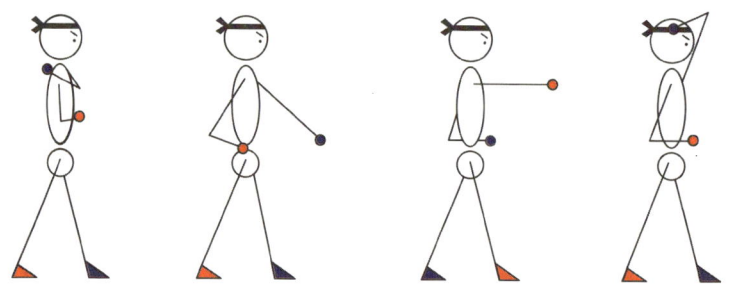

예시 4)

N 박자를 사용하여 동작을 더 추가하면 작품의 난이도를 높일 수 있다.

N 박자? 쉽게 말하면 한 박자를 반으로 나눈 반 박자라고 생각하

면 된다.

 각 동작(아래 막기, 주먹 지르기, 몸통막기, 얼굴 막기)들을 한 박자씩 사용하여 앞서 구성해놓은 박자 사이사이에 동작을 아래와 같이 추가해보는 것이다.

 아래 막기-(N박자) 막은 손등 주먹 치기-주먹 지르기-몸통막기-(N박자) 얼굴 막기-주먹 지르기

 위 그림들처럼 자신이 정한 동작에다가 여러 가지 방식으로 박자를 조절하여 동작들을 구성해나갈 수 있다.

재료 만들어 놓기

　동작 구성 세트를 최소 4세트(A, B, C, D) 이상 만들어 놓는다.

　위에서 좌우 각 네 박자씩의 동작 구성은 하나의 재료이다. 여러 세트를 만들어 놓으면 음악의 처음, 중간, 끝 어디에도 동작세트를 추가하여 작품을 만들어 나갈 수 있다. 나중에는 한쪽 당 8박자 이상으로 동작을 구성하여 여러 세트의 재료를 만들어 놓는다면, 작품제작에 필요한 시간이 점점 줄어들 것이다.

　5번째 공식처럼 같은 동작을 다른 박자로 구성할 수 있고, 같은 박자로 다른 동작들을 구성하여 좌, 우 4박자씩 채울 수 있다. 자기가 생각하기에 쉽고 간단한 것부터 만들어 나가보자.

동작 세트 예시

아래 막기, 얼굴 막기, 몸통 지르기

자신만의 동작 세트 만들기

좌, 우 4박자씩 총 8박자가 되도록 동작 세트를 만들어보자.

동작 세트 1

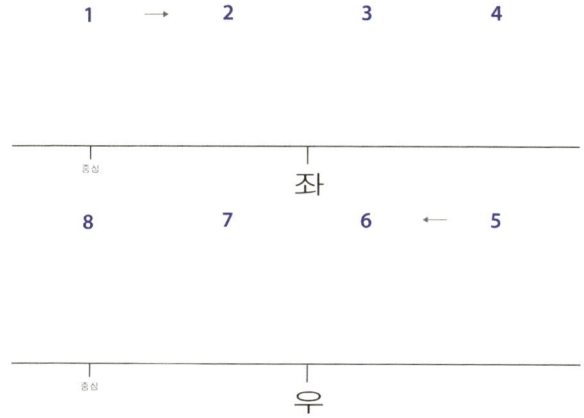

동작 세트 2

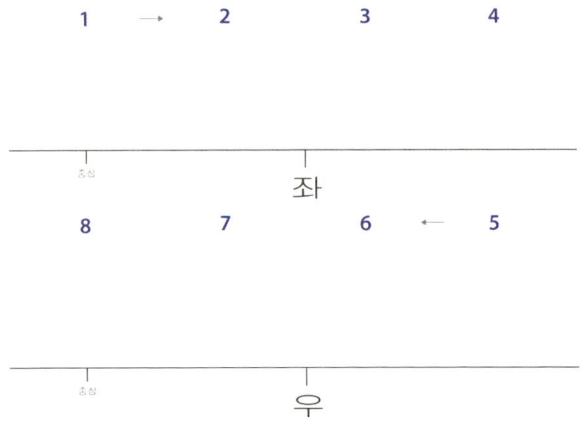

이번에는 같은 방법으로 좌, 우 각가 8박자씩 총 16박자의 동작 세트를 구성해보자.

동작 세트 3

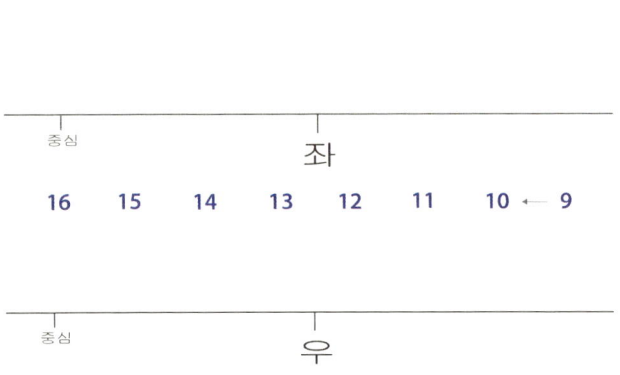

동작 세트 4

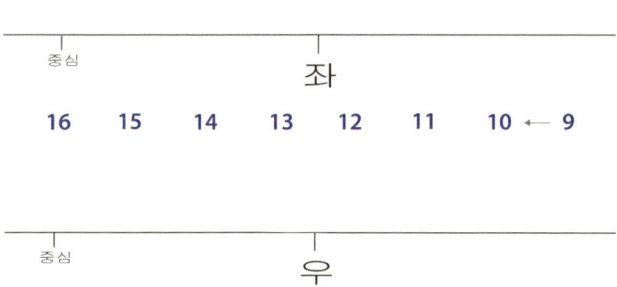

이야기 3
중국 여자

미모가 남다른 사천성

중국에서 많은 사범관장들과 이야기를 하다 보면, 우스갯소리로 중국 여자는 크게 세 분류로 나뉜다고 한다. 동북 여자, 남방 여자, 그리고 사천성 여자. 먼저 사천성 여자들에 대해 들어본 이야기를 해보자면, 중국의 어떤 지역을 가도 예쁜 여자가 가장 많은 곳을 중국인 남자들에게 물어보면 10명 중 8~9명은 사천성의 청두 아니면 충칭, 이 두 지역 여자들을 말한다.

실제로 두 지역을 모두 가보았지만, 정말 다른 지역보다 평소 거리에서 마주치는 젊은 남녀의 키가 크고, 피부도 좋고, 잘생기고 예뻤다.

왜 다른 지역보다 유독 이 지역에 미인들이 많을까?

사천성은 중국에서 매운 음식으로 가장 유명한 지역으로서 사람들이 매운 음식을 매일 먹는 식습관을 가지고 있고, 습도가 다른 지역보다 높기 때문에 피부가 좋다고 한다.

물론 중국의 큰 도시 상해, 광저우, 베이징 등에도 미남미녀가 많이 있지만, 요즘 대도시에는 성형 열풍이 불고 있어서 사천성 젊은 이들처럼 자연스럽기보다는 성형으로 인한 미남미녀들이 더 많아지고 있는 추세라고 한다. 물론 이건 개인의 시각차이가 존재하긴 하지만…

또 하나 재미있는 이야기가 사천성 여자들과 결혼을 하면 대부분 남편들은 여자들에게 잡혀 살아야 한다는 것이다. 사천성을 관광하다 보면 우리나라에 아직 남아있는 가부장 사회의 반대되는 이런 문화를 배경으로 하는 길거리 공연들을 종종 마주칠 수 있다. 공연 내용을 보면 정말 신하가 왕을 모시는 것처럼 부부생활을 하는 모습이었다. 난… 저렇게 아내에게 잡혀 살진 못할 것 같다….

털털한 동북 여자, 온순한 남방 여자

중국에서 사람들과 술을 한잔하며 이야기를 나눌 때, 가끔 이런 질문을 받는다. "박 선생님은 어떤 여자를 좋아하시나요?" 그럼 내가 "성격이 뒤끝 없어 털털한 여자를 좋아합니다."라고 말하면 동북 여자들을 소개해주겠다는 사람들도 있고, 내가 "저는 성격이 온순하고 조용한 여자가 좋습니다."라고 말하면 남방 여자들을 소개해주겠다고 말하는 사람들이 있었다.

우리나라 같으면 보통 "내가 예쁜 여자 소개해줄게", "이러이러한 직업을 갖고 있는 사람 소개해줄게."라고 말할 텐데, 중국의 몇몇 사람들은 이렇게 지역으로 먼저 나눠서 말한다.

그 이유가 동북 여자들은 성격이 털털하고 쿨하며 남성미가 있고, 남방 여자들은 온순하고 조용하며, 여성스러운 면이 더 강하다고 한다. 처음에는 웃자고 하는 소리인 줄 알았는데, 동북지역 남방지역 모두 가보면서 느끼었다. 정말 남방지역의 여자들은 장난을 치거나 화를 내더라도 목소리가 작고, 행동적이지 않은 반면, 동북 지역의 여자들은 말보다 손부터 날아오는 경우가 많았다.

특히, 동북지역(헤이룽장성, 지린성, 랴오닝성 등)을 갈 때는 여자사범들에게 잘못 했다간 발차기가 날아올 수 있으니 조심하자.

그렇다고 동북지역의 모든 여자가 다 그런 것은 아니다. 중국에서 처음으로 만난 나의 여자 친구는 발차기나 손부터 날아오는 여자가 아닌 마음 여리고 순수한 동북 여자였고, 나의 중국친구 아내는 남방 여자이지만 말보다 손부터 날아오는 기질이 있었다.

한 번은 남방지역인 운남성과 광동성 세미나에서 부부 사범들을 만났는데, 운남성에서 만난 여자 사범은 전형적인 남방 여자 이미지였고, 광동성 지역에서 만난 여자 사범은 순수 남방지역 사람인데도 불구하고 동북 여자들처럼 성격이 털털하고 남편에게 발부터 날아갔다.

우리나라 크기의 44배, 세계 면적 4위, 인구 14억 명이 넘는 중국에는 정말 다양한 사람들이 존재한다. 위에서 말한 것처럼 두 지역으로 여자들의 성격을 나누어 말하는 것은 우리나라의 남남북녀와 같은 소리인 것 같다. 그러니 이 글로 인해 중국여자들에 대해 이렇다저렇다 할 좋지 않은 편견을 갖지 않길 바란다.

　이러한 이야기가 중국인들 사이에서 왜 시작되었는지, 어떤 이유 때문인지 알고 싶다면, 중국의 인문학 또는 역사책을 조금만 살펴보자. 그럼 좀 더 깊게 이해할 수 있을 것이다.

04. 소스 추가 1: 기초체력 운동

팔 굽혀 펴기, 앉았다 일어서기, 무릎 올리기, 제자리 무릎 점프, 팔 벌려 뛰기, 스트레칭 동작 등등 세상에는 맨손 운동부터 기구를 이용한 운동까지 너무나 다양한 운동 방법들이 있다. 같은 운동일지라도 지도자들에 따라서 훈련 방법들이 또 다르다. 인터넷 검색창에 '체력운동'이라고 검색만 하더라도 수많은 지도자가 자신의 수업 영상이나 체력운동 방법을 설명하는 동영상을 올려놓은 것을 쉽게 찾아볼 수 있을 것이다.

태권체조 작품 속에 기초 체력 운동 요소를 넣는 이유는 태권체조를 하는 아이들이 체력 운동 효과도 얻을 수 있을 뿐만 아니라,

작품을 조금 더 색깔 있게 하고 완성도를 높여주기 위함이다. 하지만 자신이 체력운동 요소를 추가하는 것보다 춤이나 율동동작을 더 많이 넣고 싶다면, 그렇게 해도 된다.

우리가 앞서 만들어온 동선과 동작 세트가 뼈대를 구성하였다면, 이제는 살을 붙이는 작업을 시작한다. 태권체조 작품 속에서 체력운동 동작을 어디에 넣을지는 물론 자기 마음대로 할 수 있지만, 우선 다음 장에 나올 가장 간단한 공식을 따라 해보고 나중에 자신이 원하는 부분에 더 추가해보도록 하자.

공식 1
정면을 보고 체력운동 시작!

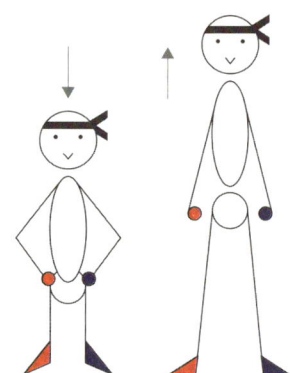

앞서 만들었던 좌, 우 반복 동작 세트의 8박자 혹은 (2가지 세트를 할 경우) 16박자 동작이 끝나고 나서 정면을 바라봐주면서 우리가 고른 체력운동 동작을 최소 16박자 동안 해준다.

체력운동을 2가지 이상 선택한 사람들이라면 첫 번째 동작 세트 이후에 한 번 더 2번째 체력운동을 박자에 맞춰 진행하게 된다면 아래처럼 구성이 된다.

1) 처음 좌, 우 반복 (첫 번째 A 동작 세트 8박자)
2) 첫 번째 체력 운동 (앉았다 일어서기 8번-16박자)

우   좌

68 누구나 쉽게 만들어 먹는 안무

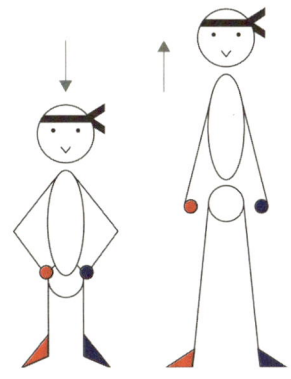

3) B 동작 세트 (8박자)
4) 두 번째 체력운동 [팔 굽혀 펴기 7번–14박자까지 해주고(내려 갔다 올라오는 것이 2박자) 마지막 15~16박자 동안 일어서서 다음 동작 준비]

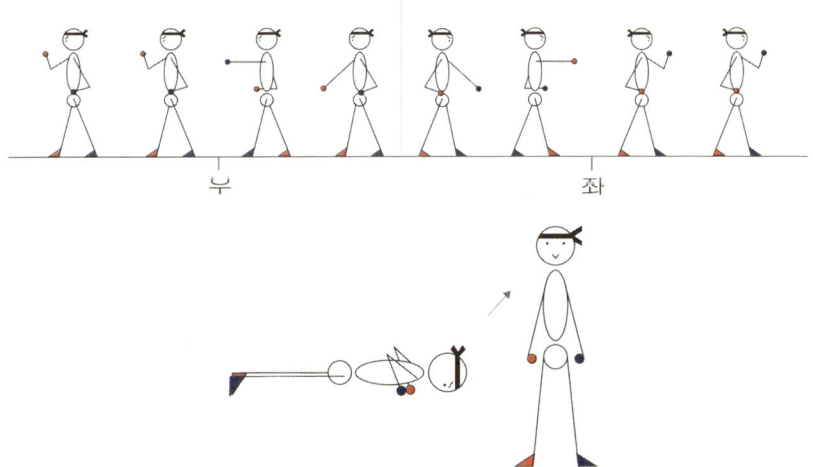

벌써 우리는 총 48박자 동안 35~40초 이상이 되는 길이의 태권체조 작품을 구성해냈다. 이처럼 나와 함께 작품을 만들어가며 책을 다 읽게 된다면, 자신의 첫 작품이 완성되고, 작품 만들기 연습이 어느 정도 숙달되어가고 있을 것이다.

다음 동작 준비

체력운동을 하면서 음악 속 적절한 타이밍의 박자를 놓쳐버리면 다음 동작을 할 때 음악과 동작이 맞지 않을 수도 있다. 체력운동이 앞서서 끝나거나 엎드려 끝나는 동작이라면 뒤에 한두 박자 정도는 다음 동작을 위해 미리 준비하는 것이다.

예)

제자리 무릎 올려주기 또는 팔 굽혀 펴기를 7박자 동안 하고 나서 마지막 남은 일고여덟 번째 박자에 미리 일어나서 준비를 해주어야 다음 박자의 동작을 이어가기가 쉬워진다.

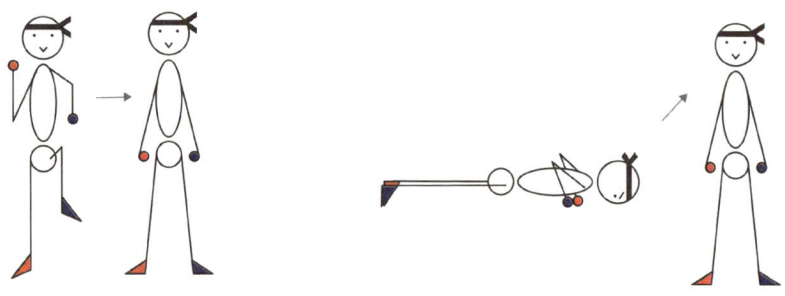

이처럼 다음 동작을 위해 동작과 박자 사이의 여유 공간을 만들어준다면 작품을 배우는 아이들에게도 여유가 생기게 되고 어렵거나 힘들다는 인식을 덜 갖게 된다.

공식 2
태권도 동작을 함께

위에 공식이 너무 간단하고 쉽다면? 너무 지루할 거 같다면? 태극 1장에서의 동작을 섞어주는 것이다. (물론 다른 품새 동작도 추가해볼 수 있다.)

예 1)

앉았다 일어서기만 해주는 것이 아니라, 앉았다 일어나서 앞차기 혹은 손동작(아래 막기, 몸통막기, 얼굴 막기, 주먹 지르기) 양쪽 한 번씩 박자에 맞춰서 해주는 것이다.

총 8박자 동안 예시를 들어준다면 아래와 같다.

1) 앉았다 일어서기 2박자
2) 앞차기 왼발 한 번 2박자
3) 앉았다 일어서기 2박자
4) 앞차기 오른발 2박자

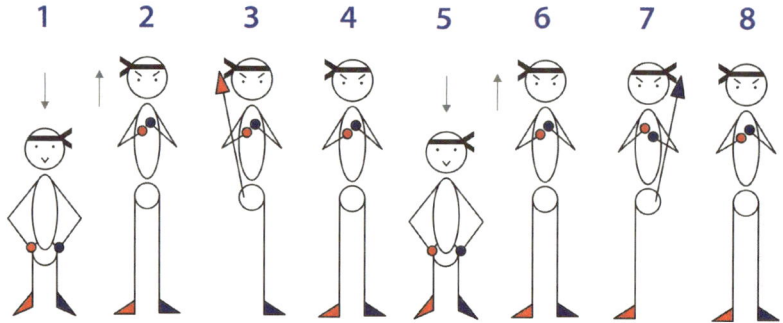

　이처럼 체력운동 사이사이에 태권도 동작을 넣어주면 단순한 체력운동 동작이 태권체조와 어울리는 동작 세트로 탄생한다. 이때 동작의 박자를 4박자 혹은 8박자로 동작을 구성해놓으면 나중에 음악이랑 맞추기가 더욱 간단해진다.

예 2)
　　1) 무릎을 박자에 맞춰 좌, 우 한쪽씩 번갈아 가면서 올려주기 4
　　　 회 (1회 1박자)
　　2) 앉았다 일어서면서 오른발 앞차기 2박자 (각 1박자씩)
　　3) 다시 앉았다 일어서면서 왼발 앞차기 2박자 (각 1박자씩)

　이렇게 하면 총 8박자의 혼합 세트가 하나 완성이 된다.

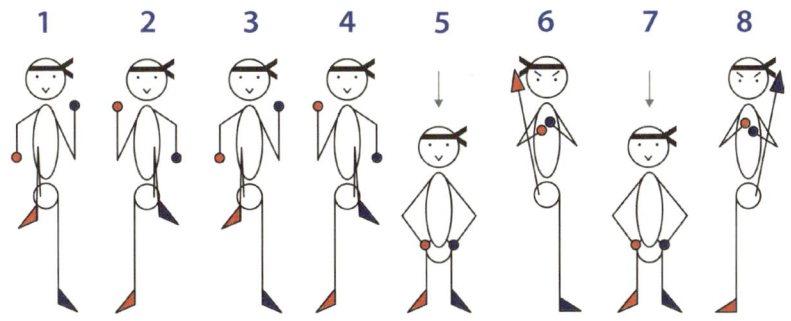

　이처럼 체력운동과 태권도동작을 함께 구성하는 것을 성공했다면, 우리는 진짜 태권체조 작품을 만들기 시작했다고 생각하면 된다. 이러한 세트를 2개 이상 만들어놓는다면 작품을 이어나가는 데 있어서 무리가 없을 것이다.

이야기 4
중국의 WeChat(웨이신)

위챗 친구 수가 곧 힘이다

 중국의 최대 소셜 네트워크 위챗은 사용자가 2018년 기준으로 10억 명을 돌파하였으며 중국 인구 중 스마트 폰을 가지고 있는 사람이라면 모두가 이용하는 애플리케이션이다. 하지만 우리가 사용하는 페이스북이나 인스타그램처럼 모르는 사람들과 소통하기에는 쉽지 않다. 직접 다른 사람이 단체 채팅방에 초대를 해줘야 하거나, 직접 사람을 만나 QR코드 스캔을 통해서만 친구 추가를 하여 서로의 게시물을 공유하며 댓글을 남길 수 있다. 친구가 아니면 자기가 올리는 게시물을 볼 수 없으며, 친구가 아닌 사람들 사이에서는 같은 게시물을 보고 있더라도 친구 추가가 되지 않은 사람의 댓글을 볼 수 없다. 아는 사람이 없다면 새로운 사람을 알 방법도 없다. 태권도 세미나, 대회, 관원모집 홍보 등 모두 위챗을 통해 이루어지기 때문에 많은 친구를 갖고 있는 것이 곧 권력이 되고 힘이 될 수 있다.

중국 태권도 분야에서 자신을 알리고 싶고 태권도 관련업으로 중국 진출을 원한다면, 그와 관련된 사람들과 많이 연결되어야 한다. 현재 나 또한 태권도 교육 세미나를 위한 모든 준비과정을 위챗 하나를 통해 활동해오고 있다.

가장 먼저 해야 할 것은 중국어 공부

태권도를 통해 중국으로 진출을 원하는 사람이라면 위챗을 꼭 사용해야 한다. 그리고 충분히 활용하려면 중국어를 꼭 공부해야 한다. 중국어를 모른다면, 아무리 사람들을 많이 알고 있다고 해도 소통을 할 수가 없어서 무용지물이 되기 때문이다.

내가 처음 중국에서 위챗을 시작하였을 때는 중국어를 쓸 줄 몰라서 중국 사범관장님들과 친구 추가를 하게 되어도 '니하오(안녕하세요)' 말고는 다른 아무것도 소통할 수 없었고 어떤 일도 진행할 수 없었다.

　만약 이 글을 읽고 있는 당신이 중국 진출을 꿈꾸는 사람이라면, 중국어 공부를 꾸준히 하고 핸드폰에 위챗을 다운로드하자!

05. 소스 추가 2: 춤 동작

국어사전에 명시된 뜻

율동(律動)
일정한 규칙에 따라 주기적으로 움직임

춤
장단에 맞추거나 흥에 겨워 팔다리와 몸을 율동적으로 움직여 어떤 감정을 나타내는 동작

댄스동작? 춤? 한 번도 배워보지 못해본 사람은 댄스 학원에 가서 직접 춤을 배우는 것이 물론 가장 좋은 방법이지만, 태권체조를 만들기 위해서 꼭 그럴 필요까지는 없다. 일반적으로 우리에게는 일하랴, 공부하랴, 친구들 만나는 일까지, 너무나 할 일이 많이 있기 때문에 춤까지 배우러 갈 시간이 없다. 무조건 태권체조 작품 속에 춤이 꼭 들어가야 하는 것은 아니지만, 태권체조를 배우는 아이들이 더 재미있게 배우길 원하고, 보는 사람들에게도 즐거움을 주고 공감을 얻길 바란다면, 춤과 율동은 중요한 동작 요소가 된다.

시작부터 겁먹지는 말자, 전문적인 춤 기술을 요구하는 것도 아니다. 어차피 우리가 가르쳐야 할 아이들도 대부분 춤을 배워본 적이 없는 아이들이기 때문에 어려운 동작을 넣지 않아도 된다. 안 그래도 짧은 수업시간에 우리도 잘하지 못하는 춤까지 아이들에게 가르쳐야 한다면, 사범관장 입장으로서 부담과 스트레스가 될 수 있다.

춤을 배우고 있는 아이들이 있다고 하더라도, 절대 전문적인 수준까지 작품 레벨을 올릴 필요가 없다. 우리는 지금 유치원생 모두가 따라 할 수 있는 작품을 만들기 위한 길을 걸어가고 있다. 그 이상의 수준은 먼저 가장 기초 단계를 완전히 자기 것으로 만든 후에 고민하기 시작해도 늦지 않는다. 그러니 지금 머릿속에서 남자 아이돌 가수들이 추는 표현이나, 각종 댄스 대회 영상 속에서 나오는 멋지고 화려한 춤 동작을 생각하고 있다면 당장 지워라.

지금부터 자신의 유치원 어릴 적 모습을 상상해보자. 그때의 재롱잔치가 기억나지 않는다면, 초등학교 시절 수련회에 가서 장기자랑을 할 때여도 좋다. 둘 다 기억이 나지 않는다면, 직접 유치원으로 찾아가서 수업하는 것을 보거나 인터넷 검색 창에 유치원 발표회, 재롱잔치, 장기자랑 영상 등을 찾아봐도 좋다. (사실 이 방법이 가장 빠르다.)

우리가 찾아야 하는 것은 바로 부모님들과 친구들 앞에서 발표회를 할 때 아이들이 재미있어하는 움직임과 율동을 하고 있는 동작이다. 어떤 동작을 할 때 아이들이 많이 웃는지, 어떤 동작을 쉽게 따라 하며, 아이들이 옆에 친구들과 어떤 동작을 할 때 잘 맞게 움직이는 것처럼 보이는지 관찰해보는 것이다. 긴 시간을 투자하여 영상을 관찰할 시간이 없다면 1~2개 영상을 보는 것만으로도 충분하다.

내가 추천하고 싶은 방법은 많은 영상보다는 똑같은 영상을 여러 번 반복해서 보는 것이며, 전체적으로 가만히 보는 것이 아니라 한 명 한 명의 움직임을 관찰해보는 것이다. 아이들 10명이 나오는 영상을 볼 때, 한 명 두 명을 선택하여 관찰 및 비교해본다면 아이들에게 적절한 동작을 영상 속에서 찾아낼 수 있을 것이다. 부담이 된다면, 앞서 우리가 진행해 온 공식들만 차곡차곡 쌓아나가면서 자기만의 태권체조를 만들고, 나중에 댄스동작을 작품 속에 추가하여도 충분하다.

이제 본격적으로 아이들이 쉽게 따라 하면서 즐겁게 움직일 수 있는 기본적인 율동동작을 몇 가지 골라서 작품 속에 추가해보자.

다음 그림 속에 있는 동작들을 보고 어떤 동작을 작품 속에 넣을지 우리가 직접 골라보자. 체력운동 파트에서 태권도 동작을 이용하여 세트를 만들어본 것처럼 여기서도 똑같이 율동과 태권도 동작을 혼합하여 8박자 혹은 16박자의 세트 동작을 만들어 놓는 것도 좋은 방법이다.

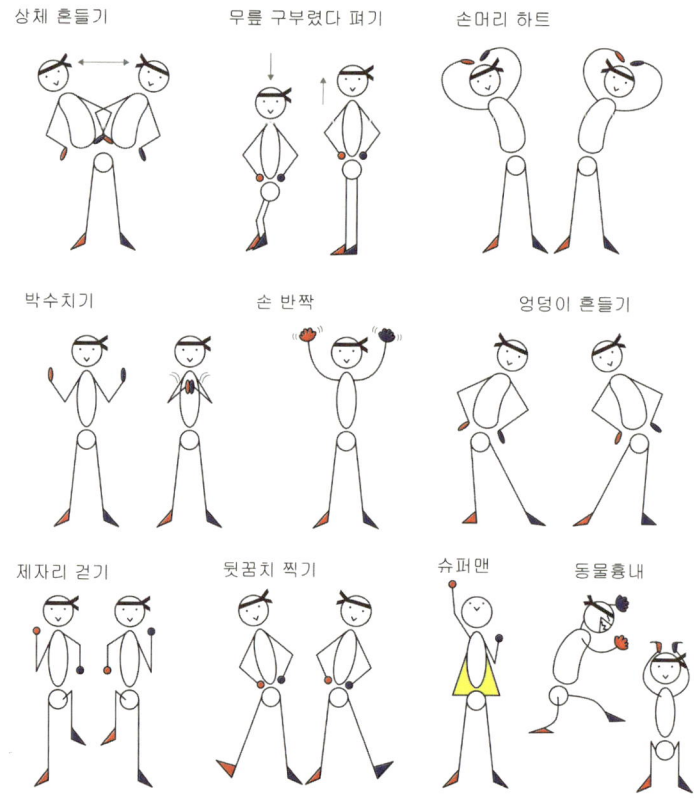

그림 순서에 따른 설명

1) 양손 허리에 놓고 머리와 상체 좌우 흔들기
2) 양손 허리에 놓고 박자에 맞춰 무릎 구부렸다 펴기
3) 손 머리 하트 몸통 좌우 흔들기
4) 박자에 맞춰서 손뼉치기
5) 두 손 올려 반짝반짝 흔들어주기
6) 양손 허리에 놓고 엉덩이 흔들기
7) 팔 크게 앞뒤로 흔들며 제자리 걷기
8) 발 번갈아 가며 발뒤꿈치로 대각선 45도 앞쪽 찍어주기
9) 슈퍼맨처럼 한 손 주먹 손 허리에 놓고 다른 주먹 한 손 위로 올려주기
10) 동물 흉내 내기 (사자, 토끼, 코끼리, 뱀 등)

이야기 5
중국 지역 문화

 중국 여러 지역을 돌아다니다 보면, 정말 다양하고 신기한 환경과 문화를 접하는 기회가 많이 있다. 다음 나올 이야기들은 그중에서 나에게 특별했던 이야기들이다.

여유로운 차 한잔- 광저우

 광동성에 있는 광저우 지역은 내가 가장 많이 가본 지역 중 하나이자 가장 좋아하는 곳이다. 음식은 대부분 단맛의 음식이 많고, 아침 식사 메뉴로는 짜거나 맵지 않은 가벼운 음식들이며, 따뜻하게 마시는 차 종류가 많이 있다. 그래서 이 지역 사람들은 매운 음식을 잘 먹지 못하고, 차를 마시며 아침을 보내는 것을 좋아한다. 난 여기서 커피집보다 찻집을 더 많이 본 것 같다. 사람들의 생활 속도가 상해와 베이징 그리고 항저우처럼 빠르지는 않았는데 요즘은 점점 빠르게 변화되어 가는 중이다.

광동성은 1년에 대회 및 세미나가 40개가 넘을 만큼 활동이 많이 이뤄지는 곳이라 대부분의 사범들과 아이들의 태권도 교육수준이 높다. 품새, 겨루기, 태권체조 교육이 골고루 분포되어 있고 심판교육 및 사범교육 세미나가 여러 태권도협회를 통해 많이 활성화되어 있기 때문에 사범들 대부분 사범 자격증 1급, 2급 및 중급 사범 자격증, 심판 자격증 등 여러 자격증을 갖추고 있다. 이 지역 쪽으로 세미나를 갈 계획이 있는 사람이라면 수업 준비를 철저히 해서 가야만 환영받을 수 있다. 대충 기본적인 것만 교육할 생각이었다면 결코 지속적인 협력 관계를 유지할 수 없으니 최선을 다해주길 바란다.

무술의 고장- 허난성

중국에서 유명한 소림사가 위치해 있는 허난성에는 특별한 기억이 있다. 중국에서 가장 많은 국가대표 겨루기 선수를 배출해낸 허난성

겨루기대표팀 코치를 우연히 만나 허난성 대표팀 70여 명에게 태권체조를 수업해보는 시간을 가질 수 있었다.

  여기 코치님과 학생 몇 명이 10년 전쯤 국내에서는 태권체조와 리권 창시자로 이름을 알린 정선미 사범님께서 허난성 대표팀에게 태권체조 교육을 했었다고 한다. 어릴 적부터 존경하는 분께서 왔다 간 곳을 내가 와서 신기했고, 앞서 태권도 보급을 위해 노력하셨던 분들에게 감사한 마음을 느끼고 돌아왔다. 게다가 허난성에서 10,000명 이상의 학생이 다니는 가장 큰 무술 학교의 코치님과 술을 한잔 기울이며 중국 무술 정신에 대한 견해를 들어볼 수 있었다. 참고로 이 학교는 중국의 쿵푸 공연으로는 가장 유명하며, 올림픽, 아시안 게임 등 각종 국제행사에서 중국의 문화를 알리는 대표적 공연을 해오고 있다.

  허난성 지역의 태권도는 겨루기가 특히 특성화되어 있다. 품새의 발전도 진행되고 있지만 태권체조와 시범 발차기의 보급은 부족한 상황이었다. 앞으로 한국의 많은 태권도인에게 허난성 지역은 많은 기회가 있을 지역 중 하나가 될 것이다.

매운맛이 아름다운 - 사천성

　사천성 지역은 무엇보다 매운 음식들로 유명하다. 그중 사천성 훠궈(샤브샤브)가 가장 유명한데, 처음 오리지널 사천성 훠궈를 먹었을 때 혀에 불이 붙고 입술 감각이 둔해질 정도로 매웠다. 중국에서 내가 먹지 못하는 음식은 훠궈랑 같이 먹는 돼지 뇌밖에 없다. 정말이다. 돼지 뇌를 샤브샤브에 익혀서 먹는다. 사람의 취향과 문화가 다른 것뿐이니 나중에 중국에서 훠궈를 먹을 때 이런 광경을 보더라도 이상하게 생각하지는 말자. 중국에서 활동을 막 시작했을 시기에는 원래 매운 음식을 먹지 못했었는데, 제대로 매운 훠궈를 먹고 나서는 어디 지역을 가도 매운 음식에 대한 겁이 없고 오히려 한국에 와서는 매운 청양고추를 찾아가며 먹을 정도로 식습관이 변했다.

사천성에는 품새와 시범 그리고 태권체조가 오랜 시간 발전해왔으며, 세미나를 할 당시 사범들의 시범 및 태권체조 수준이 다른 지역들보다 더 높았었다. 품새만을 전문적으로 훈련하는 팀도 있었다. 사천성에는 전문 품새 팀 '승' 시범단이 있는데, 대학교 안에 있는 도장에서 대학생들끼리 훈련하며 실력을 쌓아서 지금은 사천성에서 가장 유명한 팀이 되어, 자체적으로 세미나를 준비해서 교육 활동을 하고 있다.

　이렇게 지역마다 품새, 겨루기, 태권체조, 시범의 발전 속도와 교육수준이 다르며, 아직도 수많은 지역 도장의 지도자들 및 아이들이 한국의 태권도를 배우기 위해 우리를 기다리고 있다.

06. 나만의 특별 소스 1: 앞, 뒤 이동 동작

 우리는 지금까지 여러 가지 공식들을 통해서 음악과 동선, 그리고 좌우 동작을 어떻게 반복하여 움직일지, 어떤 체력단련 요소와 율동 및 춤 동작들을 작품 속에 넣을지 함께 고민해 왔다. 누구는 댄스동작과 대형이동까지 정해서 이미 작품 끝마무리를 향하고 있을 수도 있다.

 이번에 소개하고 싶은 공식은 앞과 뒤로 이동하는 동작을 만들어 보는 것이다. 아니, 골라보는 것이다. 책에서 주어진 방법들을 가지고 새로운 것을 창작해내는 것은 생각보다 쉽지 않다.

물론 앞과 뒤로만 움직이지 않고 대각선으로 이동했다가 다시 돌아온다거나, 자기가 정해놓은 동선대로 움직여도 상관없지만, 우선 가장 기본적으로 앞과 뒤로 이동하는 동작을 정해보자. 물론 자기가 앞부분에서 선택했던 동작들을 혼합하여 만들어 낼 수도 있다. 하지만 여기서 중요한 것은 미리 앞과 뒤로 이동할 때 움직이는 틀을 만드는 것이다. 다른 고민을 하며 시간을 써보기 전에 일단 밑에 나와 있는 공식대로 한번 해보자.

공식 1

앞으로 이동할 때는 발차기로 정하라

  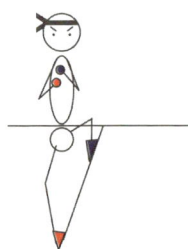

앞으로 이동할 때는 앞차기나 돌려차기 혹은 뛰어 앞차기 등으로 정하고, 앞차기를 배우지 않은 아이들 같은 경우 무릎 올리기나 겨루기 폼 자세로 박자에 맞춰 스텝을 뛰면서 이동하라.

유치원 아이들과 초등학교 아이들에게 품새를 처음 가르쳐본 적이 있는가? 태극 1장 말이다. 태극 1장이 가장 가르치기 힘든 품새라고 말하는 지도자들이 적지 않다. 처음으로 품새를 배우는 아이들은 손과 발을 어디 위치에 놓아야 하는지, 뒤로 돌 때 그리고 중심을 이동할 때 어떻게 가고 어떤 발을 먼저 움직여야 하는지 아이들은 몸에 익숙하지 않아 가장 많이 헷갈려 하기 때문에, 지도자도 그렇고 아이들도 수업시간에 힘들어하는 모습을 발견하는 경우가 많다.

눈치를 챈 사람도 있겠지만, 서기 자세(앞서기, 앞굽이, 뒷굽이 등)로 이동하는 것보단 발차기를 하거나 겨루기 스텝을 뛰면서 이동을 하는 것이 어린아이들에게 더 편하게 접근할 수 있다.

등을 보이지 마라

태권체조 작품을 보는 사람들에게 등을 보이며 동작을 할 경우 태권체조를 하는 아이들의 표정이나 동작이 잘 보이지 않을 수 있으므로, 뒤로 이동할 경우에 앞을 보고 여러 가지 동작을 해주면서 이동할 수 있도록 동작을 구성해보자.

"분명 앞으로 갈 때 앞차기와 무릎 올리기 동작을 하였는데, 뒤로 갈 때는 똑같이 하지 말고 새로운 발차기를 해야 하나?" 하지만 유치원 아이들에게는 돌려차기나 옆차기를 배우는 단계가 아닐 수 있을뿐더러 새로운 발차기가 나오면 아이들에게는 외워야 하는 요소가 또 생겨나 더 어려워질 수 있기 때문에 아래와 같은 방법을 추천한다.

뒤로 이동 추천 방법

1) 뒤로 걸어가면서 손뼉을 치기
2) 앞서기 자세에서 뒤로 한 걸음씩 빠지면서 막기 동작
3) 겨루기 스텝 뛰어주면서 뒤로 이동

 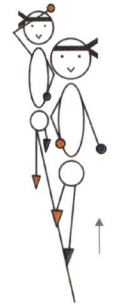 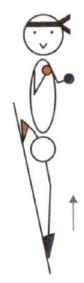

물론 어느 정도 태권도를 많이 배웠거나 초등학생 나이 정도부터는 뛰어 옆차기, 체조 옆 돌기 등 여러 가지 방법을 써도 된다. 우선 앞을 보고 뒤로 이동하기에 쉬운 동작부터 시작해보자.

앞으로 이동 추천방법

1) 발차기 자세 잡고 앞차기 하면서 앞으로 이동 (총 8박자)

- 양팔 뒤로 뻗어 발차기 준비 예비 손 자세 (2박자)
- 앞으로 뻗으면서 발차기 자세 준비 (2박자)
- 앞으로 걸어나가면서 앞차기 오른발 왼발 한 번씩 (각각 한 발에 2박자)

2) 겨루기 자세에서 제자리 스텝 뛰어 주면서 앞뒤로 이동 (총 16박자)

- 오른발 뒤로한 상태에서 8박자 뛰고
- 다시 발 바꿔서 8카운트

여기서 아이들이 8박자씩 뛰는 것을 너무 쉽다고 생각한다면, 처음에 양쪽 번갈아가며 4박자씩 해주고, 다시 박자를 양쪽 각각 2박자씩 폼을 4번 바꿔가면서 해보자.

3) 앞차기 두 번 차고 이어서 뛰어 앞차기 (8박자)

제자리에서 앞차기 양발 한 번씩 각각 2카운트 (4박자)
두 번째 앞차기 찬 발 앞쪽으로 내려놓은 다음,
두 걸음 나가서 왼발 점프 뛰어 앞차기 (4박자)
=오른발 앞차기부터 차게 되면 왼발 뛰어 앞차기가 되고, 왼발 앞차기부터 시작하게 되면 오른발 뛰어 앞차기를 하게 된다.

4) 앞차기 차면서 자세 잡기 (8박자)

오른발 앞차기 (2박자 차고 내려놓는 것까지를 말한다.)

찬 발 내려놓으면서 발차기 자세 (2카운트)

왼발 앞차기 (2박자)

찬 발 내려놓으면서 발차기 자세 잡기 (2박자)

TIP

　앞으로 이동하거나 다음 동작 넘어갈 때, 차렷을 한 번 해주거나, 제자리 걸어주거나, 준비 자세로 돌아와 다음 동작을 이어가기 전에 미리 준비를 해주는 패턴을 정해 놓으면 더욱 편하게 작품을 이어 나갈 수 있다.

예 1) 처음 좌우 반복 동작 중 오른쪽 마지막 동작을 7번째 박자까지 해준 다음 마지막 남은 8번째 박자에 준비 자세로 돌아와서 다음 동작 준비하기

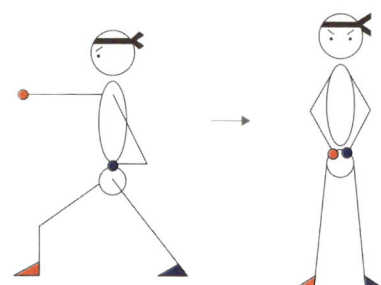

예 2) 처음 좌우 반복 동작 중 오른쪽 마지막 동작을 6박자까지 해준 다음 남은 2박자 동안 발차기 자세로 앞을 보고 멈춘 상태에서 미리 준비하기

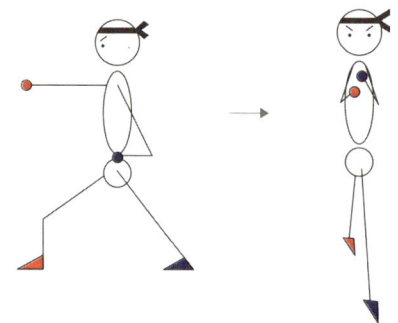

예 3) 처음 좌우 반복 동작 중 오른쪽 마지막 동작을 8박자까지 해준 다음 제자리걸음으로 앞을 보고 8박자 걸어주면서 다음 동작 대비하기

제자리 걷기

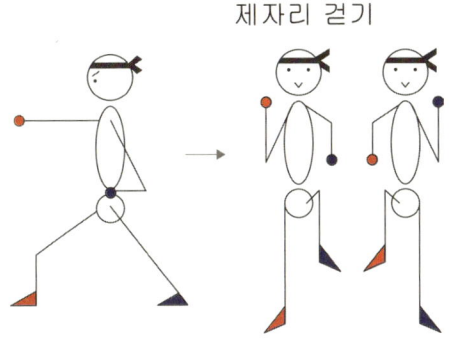

예 4) 처음 좌우 반복 동작 중 오른쪽 마지막 동작을 8박자까지 해준 다음 위에서 나온 간단한 율동 동작 중 하나로 8박자를 더 해주면서 다음 동작 대비하기

뒷꿈치 찍기

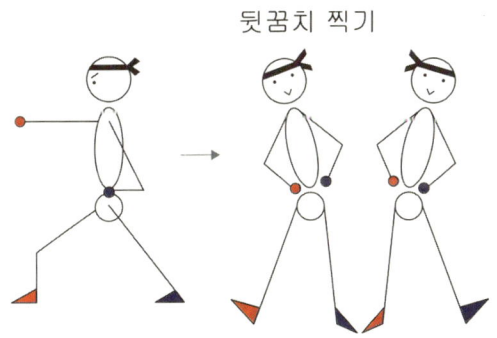

이야기 6

중국의 발 마사지

규모가 남다른 마사지샵

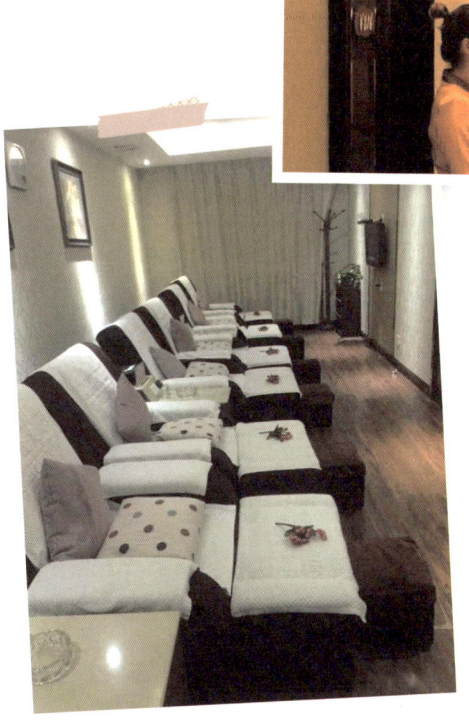

중국 하면 떠오르는 것 중 하나가 바로 그 유명한 발 마사지다. 중국 어느 지역을 가도 발 마사지를 받을 수 있는 곳을 찾을 수 있으며, 체인점 및 개인지점들까지 합치면 한국의 태권도장이나 미용실보다 더 많이 찾아볼 수 있을 정도로 많이 있다. 중국에 세미나를 가면 가끔 관장님들이나 사범님들끼리 같이 가서 발마사지를 받는데, 가격은 우리나라 돈으로 20,000원 정도에 70~90분 정도를 받을 수 있어서 좋다.

상해, 항주, 베이징 같은 대도시에 위치한 발 마사지 업소들은 직원들이 최소 50명 가까이 될 정도로 큰 지점들이 있는데, 처음에는 '왜 이렇게 중국에는 발 마사지사들이 많지?' 하고 궁금했다. 알고 보니 대부분 대도시 사람들이 아닌, 지방에서 돈을 벌려고 넘어온 사람들이었으며, 18살 혹은 빠르면 16살 어릴 때부터 교육을 받은 뒤 집을 떠나 큰 도시로 돈을 벌려고 떠나온 사람들도 있다고 한다.

빨간색 간판을 조심하라

중국에서 관장들과 술을 먹다 보면, 정말 드문 경우이지만, 가끔 한국 사범들을 퇴폐 마사지 업소에 데리고 가려는 상황도 있다. 간판에는 똑같이 발마사지라고 적혀 있지만 입구 분위기부터 일반 발마사지 업소들과는 다르다. 일단 어둡다. 그리고 글씨가 빨간색으로 빛나고 있다. 영화에서나 나올 법할 정도로 여러 군데 찢어진 가죽

옷에 짧은 머리로 담배를 입에 하나 물고서 손님을 맞이하는 경우도 있는데, 정말 들어갔다가 납치라도 당하면 어쩌나 싶을 정도로 무섭고 어두웠다. 아무것도 모르고 따라갔다가 그런 모습을 보자마자 '여기 들어가면 난 죽는다.'라는 생각이 머릿속을 스치고 지나가면서 내 발길을 돌렸다.

우리의 이미지는 우리가 만드는 것이다

  2017년 여름 세미나를 마치고 사범 관장들과 술을 먹으며 이야기를 하던 중, 어떤 중국 사범 한 명이 자기가 예전에 한국 사범에게 교육을 받은 적이 있는데, 엄청 친하다며 같이 마사지 받으러 가서 여자들과 놀고 나오는 동영상을 자랑인 것처럼 사람들에게 이야기한 적이 있다. 그러자 그 옆에 있던 다른 관장도 자기도 친한 한국 사범과 같이 놀았다며 한국 사범들 다 여자 좋아하고 이렇게 노는 것을 좋아한다며 이야기했다. 난 옆에 다른 사범과 이야기를 하는 척하며 못 들은 척했지만, 그 이야기를 들으며 내가 더 부끄럽고 창피했다. 아무리 술을 먹고 서로 친근해졌다고 해도 그런 곳을 같이 가는 순간 사람들 사이에서 놀림거리가 되고, 결국 그 소문이 자기의 이미지를 망치고 한국 태권도인의 이미지를 망치기 때문에, 특히 남자 사범들은 술자리를 조심해야 하며 우리의 이미지를 우리가 잘 만들어 나가야 한다.

07. 나만의 특별 소스 2: 시작과 마무리 동작

우리가 앞에서부터 태권체조 요리를 만들어 왔다면, 이제 그 요리를 더 맛있게 보이도록 만들어주는 마지막 데커레이션 과정이 남았다.

대부분 태권체조의 처음 시작은 품새 준비서기로 시작하는 경우가 많다. 문제가 되는 것도 아니고, 좋고 나쁘고를 따질 수 있는 부분도 아니다. 그냥 우리가 태권도를 수련해 오면서 가장 처음 배우는 동작이 준비 서기이기 때문에 우리에게는 너무나 익숙하고 편한 동작으로 자리 잡았을 뿐이다.

하지만 앞서 많은 공식을 적용해보면서 지금 이 부분까지 작품을 만들어온 사람이라면, 이젠 더는 다른 태권도 도장에서 하는 방식과 똑같이 하기 싫어할 수도 있고 이미 자기만의 새로운 방식을 찾아서 작품을 구성하고 있을 수도 있다. 물론 준비서기 동작을 처음과 끝 부분에 놓는 것을 가장 좋아할 수도 있고 앉아서 시작하거나 다른 색다른 동작으로 시작할 수도 있다. 각자의 생각과 취향이 다르기 때문에 난 모든 아이디어와 제작 과정을 존중한다.

음식에 소스를 뿌리지 않고 먹는 사람도 있는 것처럼, 태권체조 작품을 만들 때 나만의 소스를 만들어 놓지 않아도 된다. 하지만 소스는 말 그대로 소스의 역할을 하여 작품의 풍미를 만들어줄 수 있다. 그러니 작품 속에 자신만의 소스가 되는 동작을 포함시키고 싶지 않다 하더라도, 앞선 공식을 통해 여러 가지 생각해보는 시간을 가져보길 바란다.

생각이 나지 않는다면? 아무리 생각해도 동작을 어떤 것으로 정할지 모르겠다면? 생각해야 할 선택범위를 먼저 줄여보자. 뒤에 나올 몇 가지 기본 예시 동작 중 자신이 마음대로 선택하여 작품을 시작하고 마무리를 지을 수 있는 세트를 다음 장에 나오는 공식에 따라서 3가지 이상 만들어보고 자신이 지금까지 구성해온 작품을 완성시켜보자.

시작 동작 예시

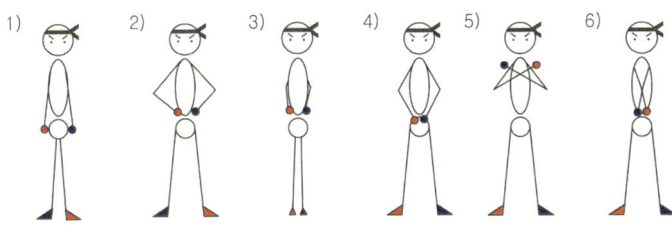

1) 차렷
2) 어깨 나란히 서서 손 허리
3) 두 발 모아 주먹 허리
4) 품새 준비서기
5) 어깨 나란히 서서 손 X자 가슴
6) 어깨 나란히 서서 손아래로 X자
7) 어깨 나란히 서서 주먹 양옆으로 45도 벌리고 고개 숙이기
8) 한쪽 무릎 꿇고 주먹 땅 지르기
9) 댄스동작 (「PART 3 소스 추가: 2 춤동작」 선택 사항 중)
10) 뒤돌아서 있기

처음과 끝을 다르게 하라

처음 시작을 준비서기에서 시작했다면, 마지막에는 다른 동작을 하면서 작품을 마무리해준다. 다른 동작을 생각해내는 것이 쉽지 않다면, 먼저 위에 나열된 동작 중에서 2가지를 골라보자.

예 1)

처음 준비 동작=두 발 모아 주먹허리

마무리 동작=한쪽 무릎 꿇고 주먹 땅 지르기

예 2)

처음 준비 동작=뒤돌아서 있기

마무리 동작=어깨 나란히 서서 주먹 양옆으로 45도 벌리고 고개 숙이기

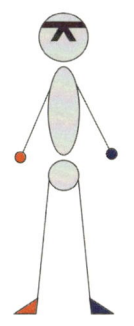 

예 3)

처음 준비 동작=나란히 서서 팔 모으기

마무리 동작=왼쪽 무릎 또는 오른쪽 무릎 앉으면서 손 머리 하트 모양

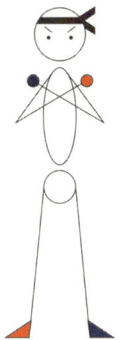 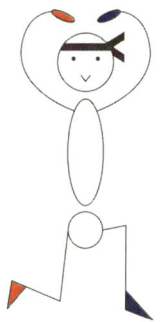

공식 2
처음과 끝을 똑같이 하라

"엥? 방금 공식1에서는 처음과 끝을 다르게 하라고 나왔는데 이번에는 반대로 다시 처음과 끝을 똑같이 하라고?" 두 가지 공식 중 하나만 자기가 골라도 되지만, 처음과 끝을 똑같이 하게 되면 다시 처음으로 되돌아간 느낌을 줄 수 있고 다시 한 번 처음 시작동작을 보는 사람들에게 각인시킬 수 있게 된다.

예 1)

처음 준비 동작=열중쉬어 자세
마지막 동작=열중쉬어 자세

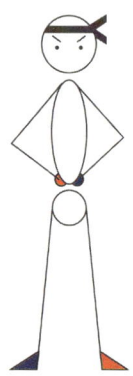 

예 2)

처음 준비 동작=한쪽 무릎 꿇고 주먹 땅 지르기

마지막 동작=한쪽 무릎 꿇고 주먹 땅 지르기

예 3)

처음 준비 동작=뒤돌아 서기

마지막 동작=뒤돌아 서기

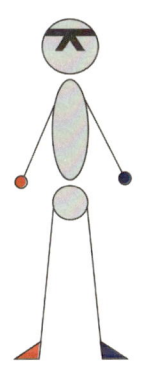 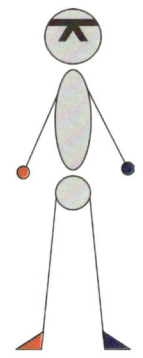

공격 동작으로 마무리하기

　이번에는 태권도 동작 중 공격 동작을 정한 후, 태권체조 작품을 배우는 아이들이 다 함께 기합을 넣어주면서 마무리할 수 있도록 해보자.

　우리가 태권체조 대회에서나 태권도 공연 중 가장 많이 볼 수 있는 방식 중 하나이다. 대부분의 팀이 마지막에 음악이 마무리됨과 동시에 단체로 기합을 넣으면서 태권도 공격 동작을 해준다. 물론 방어동작이 나올 수 있지만, 나이가 어린 아이들을 위한 작품을 만들 때에는 간단한 공격 동작으로 마무리해주는 것을 추천한다.

마무리 예시 동작 7가지

1) 주먹 지르기 2) 아금손 지르기 3) 금강 주먹 지르기 4) 눌러 막고 편 손끝 찌르기 5) 등주먹치기 6) 바탕손 턱치기 7) 손끝 찌르기

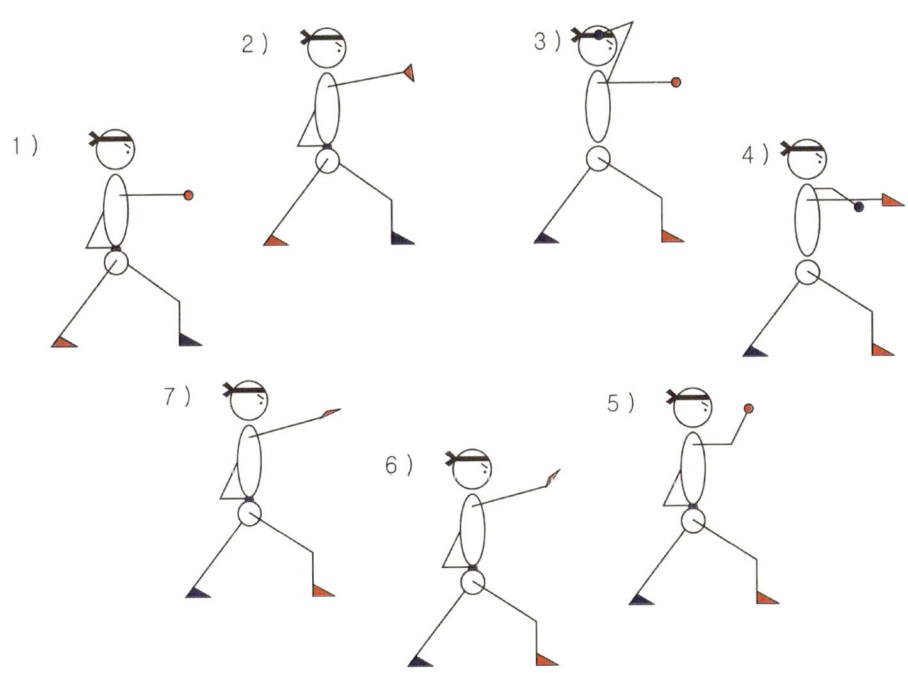

마무리 동작 예시				
정면 앞굽이 주먹 지르기	왼쪽으로 앞굽이 상태에서 정면 아금손 지르기	정면 앞굽이 금강 주먹 지르기	발 지지면서 정면으로 등주먹 턱치기	자기 작품의 마무리 동작은?

위 세 가지 공식을 적용하여 작품을 구성할 때에는 여러 가지 동작을 생각해보고 머릿속으로 그 동작들을 하고 있는 아이들의 모습을 그려보기 바란다. 하지만 너무 깊게 고민하지 마라. 5분 이상 고민된다면, 스톱! 일단 위에 있는 동작 중에서 선택해보자. 나중에는 5분 10분 20분 이상을 고민해야 할 수도 있다. 처음부터 무리하진 말자.

자! 이제 자기 작품의 처음 동작과 마지막 동작을 정해보자.

NOTE

- 시작 동작 -	- 마무리 동작 -

작품의 완성
– 나의 태권체조 구성 순서 –

우리는 지금까지 작품을 완성시키기 위한 재료들을 만들어왔다. 요리를 시작하기 전에는 재료 손질부터 시작해서 준비과정이 가장 중요한데, 이제 우리들은 준비과정을 마치고 누구나 쉽게 만들어 먹는 안무를 만들어보자.

먼저, 동선 선택 부분에서 나는 아래와 같은 동선을 골랐었다.

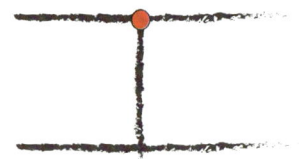

내가 선택한 동선에 맞춰서 동작 세트와 소스 그리고 모든 파트 부분의 동작을 미리 정해 놓고 태권체조 작품 순서를 정한다면 아래와 같이 해볼 수 있다.

작품 구성 순서 예시

1) 준비 자세

2) 동작 A 세트 (왼쪽 먼저 시작)

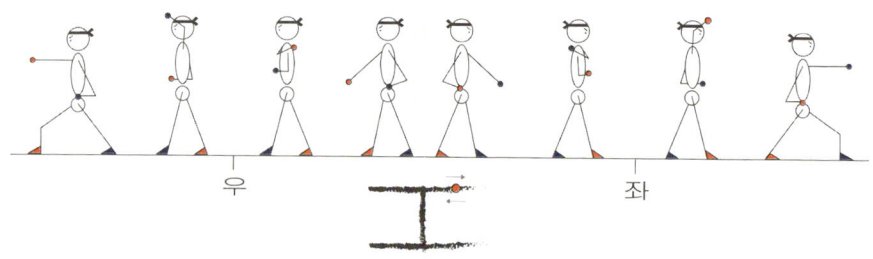

3) 체력 운동 (제자리에서 앉았다 일어나면서 앞차기 4번)

4) 앞으로 이동 (겨루기 스텝 박자에 맞춰 뛰면서 앞으로 전진 8번)

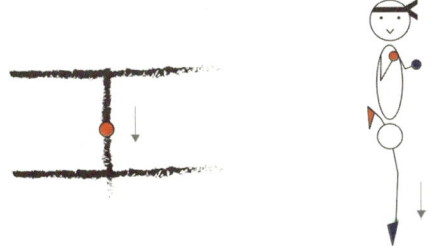

5) 동작 B 세트 (왼쪽 먼저 시작)

6) 율동 (가운데 제자리)

7) C 세트 (오른쪽 먼저 시작)

8) 뒤로 이동 (뛰어 앞차기)

9) D 세트 (오른쪽 먼저 시작)

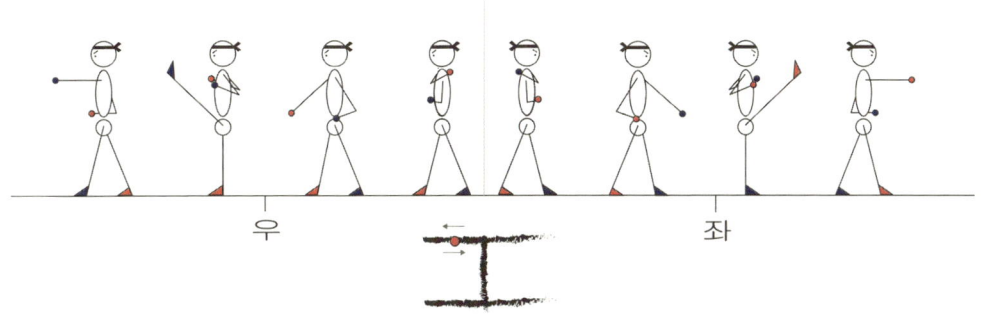

10) 마지막 동작 (뒤돌아서기)

이렇게 자신이 선택한 동선에 따라 작품 구성의 순서를 정할 때, 미리 만들어 놓은 동작 세트와 소스들의 순서를 배열해주기만 하면 간단하게 태권체조 작품을 완성시킬 수 있다.

NOTE

여러분의 태권체조 작품 구성 순서는 어떻게 되는가??

(A, B, C, D 세트, 율동, 체력운동, 앞뒤 이동)

괄호 안 8개의 순서를 배열해보시오.

소스들과 번호는 음악 길이에 따라 더 추가할 수 있다.

1) 준비 자세

2)

3)

4)

5)

6)

7)

8)

9)

10) 마무리 동작

이야기 7

중국의 대중교통

  중국의 대중교통은 대부분 매우 편리하게 되어 있다. 지하철 같은 경우는 큰 도시에만 존재하는데 휴대폰 어플로 결제 QR코드를 생성하여 지하철, 버스, 자전거 우리나라 돈 700원 정도에 이용할 수도 있다.

  한국과 다른 점은 지하철 내부가 조금 좁고 냄새가 조금 나는 편이다. 청소를 하지 않아서가 아니라 공간이 좁고 사람이 많은 것이 원인이다. 비나 눈이 오는 날에는 버스 안에 냄새가 더욱 심했으며, 사람들 사이에서 발을 밟히는 경우가 너무 많았다. 정말… 한국이 최고라는 걸 느끼게 해준다.

자전거를 살 필요 없는 나라

  중국 어디 지역을 가도 차보다 많이 볼 수 있는 것은 바로 전기로 된 오토바이(디엔동처)와 자전거다. 자전거는 길거리에서 핸드폰 어플로 빌려 탈 수 있는데, 우리나라 돈 100원이 10분 동안 탈 수 있는 기본요금이다. 우리나라와는 다르게 큰 사거리나 공원 근처, 아파트, 백화점, 광장 등의 주위를 보면 항상 빌려 탈 수 있는 자전거들이 줄줄이 서 있기 때문에 중국에서 가까운 거리를 이용할 때는 나도 자전거를 많이 이용한다.

삼인차

대중교통을 이용해보며 특이했던 경험 중 하나가 중국 사천성 총칭 세미나를 갔을 때 탔었던 빨간색 '산런처'이다. 이 지역에서는 택시도 아닌, 오토바이도 아닌, 3인차라 불리는 빨간색의 차를 볼 수 있는데, 운전자가 차 앞 정중앙에 타 있고 뒤에는 딱 성인 2명만 앉을 수 있는 공간이 마련되어 있다. 가격은 택시보다 조금 더 싸지만,

기름으로 가는 오토바이를 빨간색 뚜껑으로 덮어서 달린다 해야 하나? 달리는 동안 휘발유 냄새가 지독하게 난다. 호텔에서 세미나장소를 이동할 때와 수업을 마치고 호텔로 돌아올 때 이 빨간색의 3인차를 타고 이동했었는데, 타는 동안 냄새 때문에 머리가 어지럽고 토할 것 같았다. 다음에 또 가게 된다면 난 택시나 자전거를 이용할 계획이다….

08. 잘 먹이고 소화시키는 방법

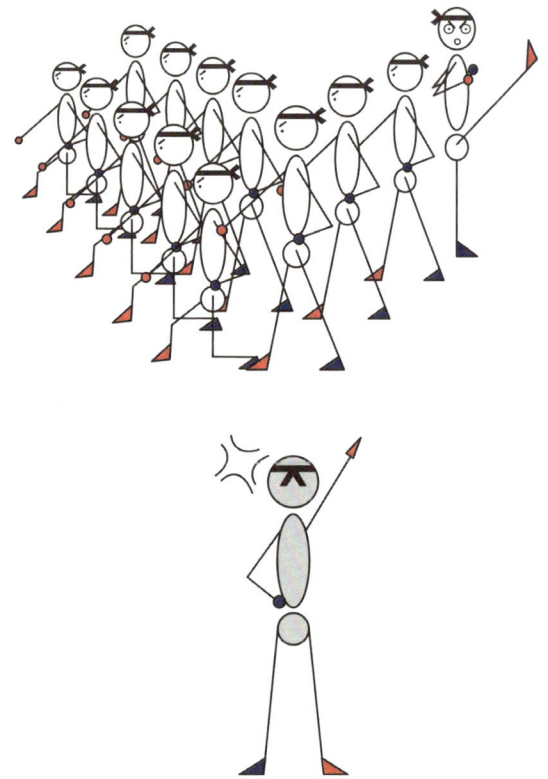

 우리가 태권체조 작품을 모두 완성하였다면 이제 우리에게 남은 가장 중요한 것은 아이들에게 잘 가르쳐주는 것이다.

"그냥 동작 알려주면 되지", "잘 가르쳐주면 되지."라고 생각할 수 있다. 하지만 어떻게 가르쳐주는지에 따라서 아이들이 습득하는 속도가 달라진다. 태권체조를 아이들에게 가르쳐본 경력이 없다면? 태권체조를 처음 가르쳐보는 사람들은 어떻게 해야 할까? 태권체조 수업을 할 때에는 어려운 방법은 필요 없다. 앞으로 설명할 3가지 방법을 알고 자기의 수업 방식으로 만든다면 누구나 태권체조를 쉽고 재미있게 잘 가르쳐줄 수 있을 뿐만 아니라, 나중에는 자신만의 태권체조 교육 방법을 만들어 나갈 수 있을 것이다.

공식 1
아이들을 점검하라

먼저 8박자 또는 4박자씩 짝수로 박자를 나눠서 동작을 가르쳐주고 난 후에

1) 아이들이 앞부분 구령만 넣어줘도 따라 할 수 있는지
2) 어디부터 어디까지 몸이 익숙해져 있는지
3) 음악에 어디까지 따라 할 수 있는지
4) 어떤 동작을 반복하여 틀리고 외우기 어려워하는지

위 네 가지를 확인해주면서 수업을 진행해준다.

보통 처음 아이들에게 태권체조를 지도해보는 사람들은 작품을 지도하는 진도 속도를 아이들과 맞추지 못할 때가 있다. 아이들이 앞부분을 아직 외우지도 못했는데 뒷부분의 동작을 새로 또 알려주면 어린아이들 같은 경우 외우는 속도가 더 느려지거나 처음부터 양이 많고 재미없다고 느끼면서 배우기를 포기할 수 있다.

보통 아이들에게 처음 태권체조를 지도해보는 사람들은 아이들이 동작을 한 동작 한 동작 자기와 똑같이 따라 하면 '잘 따라 하고 있구나.'라고 생각하고 신나게 혼자만의 수업을 진행에 나갈 수도 있다. 계속 앞만 보고 수업을 진행해 나가는 것이다. 여유롭게 뒤를 돌아봐주고 아이들을 관찰한다 생각하면서 어디까지 몸에 익었는지 확인하자.

나중에 노래와 함께 연습할 때 노래와 동작이 정확히 맞도록 연습시켜 주기 위해서는 8박자씩 나누어 진도를 나가주고 먼저 지도자의 구령 속도에 맞을 때까지 충분한 연습을 시켜준 다음 실제 음악과 함께 연습시켜주는 것이 좋다. 그래도 외우는 속도가 느리다면 4박자 2박자씩 박자와 동작을 더 세분화시켜 지도해보자.

　처음부터 음악을 틀어 동작과 맞추려 하지 말고, 먼저 아이들이 음악속도보다 더 빠른 구령 속도까지 따라 할 수 있을 때까지 지도해준다. 음악속도보다 빠르게 움직여본 아이들이라면, 음악을 틀었을 때 더 쉽게 음악속도와 맞출 수 있을 것이다.

공식 2
속도에 익숙하게 만들어라

아이들이 처음에 머리로는 동작을 외우기가 더 쉬울 수 있지만 몸은 마음처럼 쉽게 움직여지지 않는 아이들이 대부분이다. 동작을 몸에 빨리 익혀주는 또 하나의 방법은 처음에는 박자 구령 없이 동작만 외우게 한 후, 지도자가 박자를 숫자로 말해줌과 동시에 아이들을 훈련시킬 때에는 박자를 넣어주는 속도를 처음에는 거북이처럼 느리게 움직이도록 연습을 시켜준다.

아이들이 동작을 느리게 할 때는 정확하게 (손이 어디서 나오고 어디 높이까지 올려야 하는지 등) 동작을 따라 할 수 있게끔 만들어주고 천천히 하면 쉽다는 것을 느끼도록 해주는 것이다.

예를 들어서 "하아~나아~~ 두~우~울~~ 세에~엣~ 네~에엣~~." 이렇게 마치 영화 속 슬로우 모션의 한 장면처럼 구령을 넣어주면서 계속 천천히 동작을 할 수 있도록 해준다. 단! 지도자가 옆에서 구령만 넣는 것보다 앞에서 같이 동작을 해줘야 아이들이 지도자를 보고 그 속도에 맞춰서 다 같이 따라 할 수 있다. 구령만 옆에서 넣으면 아이들이 제각각 다르게 움직이는 모습을 볼 수 있을 것이다.

좀 더 속도를 높여 가며 연습을 할 때는 느리게 숫자를 세어 줄 때보다 좀 더 목소리가 끊기도록 해주고, 원래 음악 박자의 중간 속도로 구령을 넣어 해준다. "하나~ 두울~ 세엣~ 네엣~."이런 식으로 앞서 연습했던 속도보단 조금 더 속도를 붙여준다. 중간속도를 사범님의 구령에 맞춰 아이들이 따라 할 수 있게 되었다면, 이제 원래의 박자 속도를 지도자가 숫자로 말해주면서 아이들이 동작을 익숙하게 할 수 있도록 연습시켜준다.

그 후에, 원래 음악 박자보다 더 빠르게 움직여보도록 박자 구령을 빠르게 넣어 아이들이 훨씬 더 빠른 박자에 움직여 볼 수 있도록 해준다. 빠르면 빠를수록 재미있어하는 아이들도 존재하고 어려워서 움직이지 못하는 아이들도 존재한다. 하지만 이런 과정은 필요하다. 1부터 10까지의 박자 속도가 존재한다고 가정하였을 때, 태권체조 음악의 원래 박자 속도가 5라면 7~8까지의 속도를 미리 경험시켜주는 것이다. 이 과정을 거친다면 아이들에게 원래 음악 박자는 상대적으로 느리게 느껴지거나 쉽게 느껴질 수 있다. "핫! 둘! 셋! 넷! 다섯! 여섯! 일곱! 여덟!" 이런 식으로 아이들이 정신없이 몸이 먼저 움직일 수 있을 때까지 해준 다음에 음악에 맞춘다면 아이들이 조금 더 빨리 동작을 숙지할 수 있을 것이다.

글로만 봐서는 어떤 식으로 박자의 속도를 변화시키면서 구령을 넣어야 하는지 모르겠다면 자기의 박자 기준을 정해놓고 그 기준에 비슷한 움직임을 상상하면서 구령을 지도해보자. 예를 들자면, 난 아이들에게 "거북이처럼 느리게~." 혹은 "치타처럼 엄청 빠르게!"라는 식으로 아이들에게 내가 원하는 움직임을 연상시키면서 구령을 넣어준다.

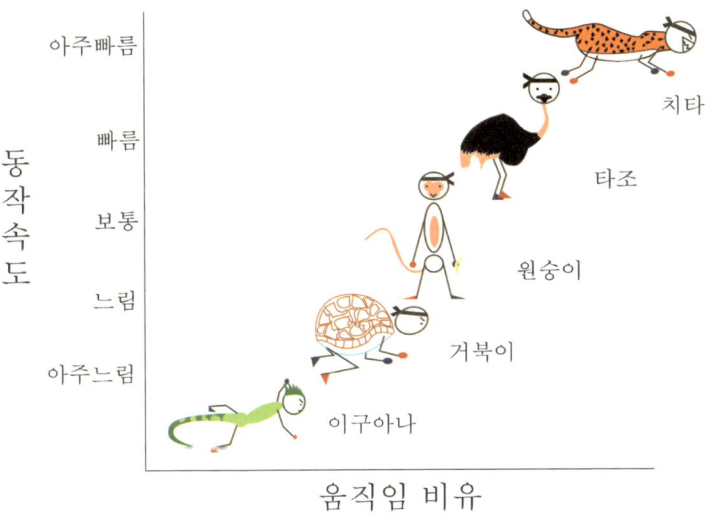

공식 3
목소리에 강박을 넣어준다

 지도자가 일정한 목소리 톤으로 박자를 넣어주기만 한다면, 아이들은 동작을 외우고 몸에 익숙해질 수 있지만, 음악과 동작의 특성에 맞게 어디에서 힘을 주고 어디에서 힘을 빼고, 어떤 길이로 동작을 기다려주고, 어디에서 천천히 그리고 빠르게 몸을 표현해야 하는지 이해하기 쉽지 않을 것이다.

 지도자가 박자를 넣어줄 때, 아이들이 몸을 천천히 움직여야 하는 부분 또는 다음 동작을 하기 전에 기다리는 부분이 있을 경우에는 목소리를 작고 느리게 넣어주고, 음악 속에 갑자기 빵 터지는 효과음이 있거나, 아이들이 힘을 주어 강한 표현이 나와야 하는 부분이 있다면 목소리도 그것에 맞춰서 작았다가 갑자기 크게 넣어주는 방식을 통해 아이들이 좀 더 표현을 잘할 수 있도록 도와줄 수 있다. 예를 들어 "(작게) 하나~ 둘~ 셋~ (갑자기 크게) 넷!!!! (보통) 다섯~ 여섯~ (크게) 일곱!!! 여덟!!!" 이런 식으로 아이들이 힘과 속도를 더 많이 표현해야 하는 동작이 네 번째와 일곱, 여덟 번째 박자에 나온다면 그곳을 강조해준다.

아래 나와 있는 지도법들은 태권체조 작품을 지도할 때 가장 보편적으로 진행되는 단계들이다. 처음 태권체조를 지도해보는 사람들은 먼저 순서에 따라 단계별로 지도를 해보자.

태권체조 기초 지도법 순서

1) 4박자 혹은 8박자씩 끊어서 동작을 가르쳐준다.

2) 지도자가 앞에서 박자를 세면서 함께 동작을 해준다.

3) 지도자는 동작을 하지 않고 아이들이 지도자 구령에 맞춰 동작을 하도록 한다. (박자 속도 및 강약 조절)

4) 지도자가 먼저 음악에 따라 시범을 보여준다.

5) 아이들을 음악과 함께 연습시켜준다. (이때 지도자는 아이들이 처음에는 음악에 익숙하지 않으므로 앞에서 같이 해준다.)

6) 지도자는 아무런 도움을 주지 않고 아이들이 음악에 맞춰 움직일 수 있을 때까지 음악과 함께 반복 연습을 시켜준다.

이야기 8
중국 태권도장

중국의 도장 부자들

중국에는 태권도장을 10개, 20개 이상 가지고 있는 관장님들이 있다. 회원도장을 200~300개를 관리하는 관장님들도 있다. 우리나라는 도장을 2개 이상 가지고 있는 관장님들도 드문 반면 왜 중국에는 도장을 여럿 가진 사람들이 많을까? 그 이유는 바로 세 가지가 있다.

첫째는 여러 명이 함께 투자를 하기 때문이고, 두 번째는 같은 고향 사람들끼리 뭉쳐서 함께하려는 관시가 많고, 세 번째는 한국의 월세보다 훨씬 가격이 낮은 지역이 많기 때문이다. 다시 생각해보면 도장 10개~20개를 자기 개인이 소유하는 것이 아니라, 공동 소유한 셈인 것이다.

중국에는 아직 태권도장으로 성공할 기회가 많이 존재하지만, 중국에 알고 있는 관시(지인)가 많이 없는 상태에서 도전했다가는 1년을 버티지 못하고 한국으로 돌아와야 할 확률이 더 높다. 한 가지 들은 이야기로는 현재 저장성 항저우와 금화시 지역에는 한국 관장이 각 1명씩 살아남아 태권도장을 운영하고 있다고 한다. 많은 젊은 관장 사범들의 도전이 힘없이 무너져버린 곳이기도 하다. 그러니 지역도 잘 살펴야 하며, 그 지역의 사람들도 많이 알고 있어야 한다. 중국에서는 아는 사람이 많은 것이 곧 힘이고 가장 큰 재산이다.

중국 아이들의 한계

우리나라 태권도장 학생들의 연령은 점점 낮아지고 있다. 중국도 마찬가지다. 중국태권도장에는 유치원생들이 대부분의 인원을 차지하고 있으며 수업내용 또한 점점 한국을 따라 학교 체육, 줄넘기, 놀이 형식으로 변해가고 있다. 게다가 중국 아이들은 초등학교를 졸업하고 나면 10명 중 6~8명은 태권도장을 그만두게 된다고 한다. 스스로 운동을 하고 싶지 않아서가 아니라 중학교에 들어가면 너무나 많은 숙제와 공부 시간을 필요로 하기 때문에 도장에 갈 시간이 없다. 물론 부모님들의 점점 높아지는 교육열이 원인이 되는 곳이 대부분이지만….

그래서 중국에서는 태권도를 계속 배우는 학생 중 중학교 때부터 혹은 고등학교 때부터 학교를 그만두고 태권도장에서 사범 일을 하고 있는 아이들을 많이 볼 수 있다. 우리는 어릴 때부터 태권도를 배워 대학교까지 진학하는 경우가 많이 있지만, 중국에 있는 대학교에는 아직 정식 태권도학과가 존재하지 않기 때문에 부모님들 입장에서는 좋은 대학을 가기 위해 중학교 때부터 학교 공부에 집중하는 것을 선택할 수밖에 없는 현실이다. 중국의 많은 대학교 안에 태권도학과가 개설되어 중국 태권도가 더 발전하고, 더 많은 태권도 인재들이 탄생하길 바란다.

아르태(Art Taekwondo) 태권체조 기본기 트레이닝 방법

　태권도장에서 태권도를 수련할 때, 품새에도 겨루기에도 기본기를 갖추기 위한 다양한 훈련 방법들이 존재한다. 태권도뿐만 아니라 몸을 움직이는 어떠한 스포츠나 예술분야도 기본기가 전부라고 말하는 지도자가 있을 정도로 기본기 훈련을 가장 중요시한다. 앞으로 소개할 훈련 방법은 아이들이 태권체조를 하기 위해 숙달시켜야 하는 가장 기본적인 요소들이다.

　대학교 1학년 처음 댄스 학원에서 기본기를 연습할 때, 빨리 실력이 늘고 싶은 마음에 기초반이 아닌 고급반으로 수업을 등록했있다. 태권도만 배워온 몸이라 리듬도 타지 못하고 딱딱한 움직임 때문에 옆에 있는 어린 친구들이랑 실력 차이가 너무 많이 났다. 가장 자존심이 상했던 것은, 옆에 나보다 어린 중학생, 고등학생들도 별로 힘들지 않은 표정으로 연습하는데 난 너무 힘들고 폐가 터질 것만 같았다! 정말 이 악물고 빨리 따라가려고 애쓴 기억이 아직도 난다.

　기본기 연습을 오래 했다고 생각이 들 때가 있지만, 지금도 기본기는 아직 많이 부족하다고 느낀다. 힘들고 어색해도 자신이 그 움직임에 익숙해지고 자신감이 붙을 때까지 열심히 달려보자.

상체 기본기 훈련 방법

1. 목

- 목에 있는 근육을 움직이는 훈련이다.

- 시선은 앞을 고정해준 상태에서 박자에 맞춰서 목을 좌우로 내렸다가 올려주는데, 먼저 3박자 동안 오른쪽 옆으로 천천히 내려갔다가 마지막 4번째 박자에 원래 자리로 빠르게 돌아와 주는 것을 좌우 반복해준다. 8박자 동안 좌우 한 번씩 반복하여 4번 이상을 반복해준다.

- 좌우로 움직여준 다음에는 상, 하로도 반복해주는데, 위와 같은 방법으로 3박자는 머리를 천천히 숙여준 다음 마지막 4번째 박자에 빠르게 고개를 들어주면서 제자리로 돌아오는 것을 반복하여 8번 이상 반복해준다.

2. 어깨- 위아래로 움직이기

- 어깨를 움직이는 데 능숙해진다면 동작을 더 크게 표현해줄 수 있다.

1) 먼저 오른쪽 어깨 부분만 박자에 맞춰서 상하로 움직여주는데, 처음에는 최대한 위로 스트레칭하듯이 3박자 동안 수직으로 올라갔다가 4번째 박자에 빠르게 내려주는 것을 좌우 한쪽씩 4번 이상 반복해준다.

위 동작을 음악에 맞춰 반복 연습을 노래 한 곡 정도 해준 다음, 점점 박자를 나눠서 아래처럼 속도를 올려서 훈련해준다.

(1) 올려주기 3박자 내려주기 1박자

(2) 올려주기 2박자 내려주기 1박자

(3) 올려주기 1박자 내려주기 1박자

주의 사항

 어린아이들 같은 경우 어깨만을 움직여야 하는데 목에 힘이 많이 들어가거나 오른쪽 어깨가 올라갈 때 몸통 자체가 왼쪽으로 기울어지는 경우가 있을 수 있다. 일상생활에서나 태권도 훈련을 할 때, 어깨부위만 박자에 맞춰 움직여 본 적이 없었기 때문에 많이 어색해할 수도 있다.

이럴 때 지도자는 아이들 몸이 움직이지 않고 오로지 어깨만 집중하여 움직일 수 있도록 거울을 함께 보며 지도해주거나 앞에서 지도자가 직접 보여주는 것이 좋다. 그래도 잘 따라 하지 못하는 아이들의 경우에는 지도자가 양손으로 아이의 팔을 잡아 고정해준 상태에서 한쪽 어깨만 올라갈 수 있도록 인위적으로 지도자가 어깨를 위로 들어 올려주는 방법도 있다. 학생 스스로 자기 어깨가 올라가는 느낌을 아는 것이 중요하다.

2-1. 정사각형 그리기

 이번에는 어깨로 정사각형을 그려준다 생각하고 한쪽 어깨를 처음에는 앞으로➡위로➡뒤로➡아래로 이렇게 하나씩 끊어가면서 노래 한 곡 반복해준다.

 물론 이렇게 뒤로➡위로➡앞으로➡아래로 반대방향으로도 반복해줘서 아이들이 어깨 움직임에 대해 더 편해지도록 지도해준다.

3. 팔

- 팔의 근육 쓰임과 라인을 잡아주는 것에 능숙해지면 속도 표현과 단체로 동작을 맞출 때 선이 더 깔끔하게 표현된다.

아래의 세 가지의 훈련법은 하나의 세트로 구성된 기본기 훈련이다.

1) 팔을 접어주는 속도훈련

한쪽 팔의 손목이 명치 앞으로 팔을 접어주는데, 이때 손을 펴준 상태에서 손바닥이 정면을 보도록 (음악을 틀어놓고 네 박자를 셀 때 처음 하나 박자에) 최대한 빠르게 가져와 준다. 그 후에 남은 세 박자 동안 힘을 풀어주면서 제자리로 돌아가 준다. (좌우 번갈아 가면서 한쪽 팔에 16번 이상 반복해준다.)

2) 팔을 펴주는 속도훈련

앞서 1번에서 했던 동작에서 이어, 손목이 명치 앞에서부터 출발

→

손을 45° 대각선 위쪽으로 (두 번째 박자에) 가져가면서 팔을 펴준다.
손을 머리 높이까지 올려주되 팔꿈치를 완전히 피지는 않는다.

〈순서 정리〉

손목이 명치까지 한 박자→머리 높이까지 한 박자→제자리 처음 준비 자세로 돌아갈 때는 나머지 두 박자 동안 힘 빼면서 돌아와 준다. (16번 이상 반복)

3) 팔을 내려주는 속도훈련

2번에서 했던 동작에 이어서, 손의 위치가 머리 높이에서부터 45° 대각선 아래 방향으로 골반 높이까지 (세 번째 박자에) 직선으로 내려준다.

네 번째 박자를 제외하고 나머지 팔 동작들은 모두 음악의 한 박자 속도로 최대한 빠르게 움직여준다.

〈순서 정리〉

(1) 손이 명치까지 와주기 한 박자

(2) 대각선 위로 펴주기 한 박자

(3) 내려주기 한 박자

(4) 힘 풀면서 준비 자세로 돌아오기 한 박자

이런 움직임의 순서들이 4박자 동안 실행하여 16번 이상 반복 훈련해준다.

여기서 중요한 것은 마지막 네 번째 박자에서 팔이 준비 자세로 돌아올 때 힘을 완전히 빼줘야 한다는 것이다. 똑같이 근육에 힘을 줘서 돌아오게 되면 다시 처음 동작을 갈 때 속도가 느려지고 보이기에도 둔해 보인다.

3-1. 팔 라인을 잡는 속도 훈련

앞에서 팔의 속도를 올려주는 훈련을 했다면, 이번에는 조금 더 어려운 단계인 팔 라인을 잡아줌과 동시에 속도훈련을 같이하는 것이다. 아래 세 가지 훈련 또한 연속으로 이어져 세트로 구성된 훈련이다.

1) 차렷 상태에서 발을 어깨 넓이로 벌려준 다음, 손과 팔을 곧게 펴준 상태로 양팔 전체를 정면 앞쪽으로 어깨 높이까지 올려주되, 우리가 움직이는 속도가 1부터 100까지 있다면, 배꼽 높이까지는 순간적으로 100의 속도로 최대한 빠르게 올렸다가 곧바로 속도를 10까지 낮춰주면서 천천히 어깨까지 올라가 준다.

갑자기 출발할 때 빵! 하고 팔이 빠르게 나갔다가 슬로우 모션으로 움직여주는 장면을 생각해보면 된다. 여기서 중요한 점은 팔에 속도를 가했다가 느리게 전환했을 때, 힘을 완전히 빼고 올려주는 것이 아니라 근육의 10~20% 정도 힘을 유지시켜주면서 움직여줘야 속도의 표현이 더욱더 명확해진다.

2) 팔을 곧게 펴준 상태를 유지하면서 좌우로 벌려주는데 45° 대각선까지는 100의 속도로 움직였다가 다시 속도가 10으로 느리게 가준다. 이때 팔이 어깨 뒤로 넘어가지 않는 범위(어깨 수평선상)까지만 가준다.

3) 벌려준 팔을 이번에는 차렷 상태로 돌아와 줄 것인데, 이때 마찬가지로 45° 아래 대각선까지는 100의 속도를, 그리고 다시 속도를 줄이면서 돌아와 준다.

4) 위 1, 2, 3번에서 움직였던 팔이 다시 거꾸로 되돌아오는 과정이다.

⑴ 옆으로 팔을 벌려주면서 어깨까지 올려주고

(2) 다시 정면 앞쪽으로 팔을 모아주고(어깨선상 높이 유지)

(3) 팔을 직선 아래로 다시 내려주면서 차렷 상태로 돌아온다.

위 네 가지 과정을 한 번으로, 8번 이상 반복해준다.

댄스학원에서는 이와 같은 움직임 표현을 Fast and Slow라고 말하는데, 보통 Urban Dance 안무와 남자 아이돌 가수들의 안무에서 많이 볼 수 있는 움직임이다.

4. 몸통

몸통 정중앙에 맷돌 손잡이 같은 것이 하나 있는 것처럼 몸통에 손잡이가 하나 생겼다고 가정하자. 이것을 정면 앞으로 당겨주면 어떻게 될까? 몸통이 앞으로 쏠리게 된다. 이처럼 이번에는 몸통을 움직여주는 기초 훈련 과정이다.

몸통을 앞, 뒤로 움직여준다

1) 주먹을 쥔 상태로 양팔을 구부려줌과 동시에 팔꿈치가 뒤로 가면서 서로 모아준다. 이때 최대한 가슴 근육이 스트레칭 된다 생각하고 앞으로 몸통을 내밀어준다.

2) 뒤로 몸통이 이동할 때는 무릎을 구부린 상태에서 양손 깍지를 끼워준 상태로 손바닥이 정면을 바라보도록 팔을 앞쪽으로 스트레칭해주는데, 등을 최대한 뒤쪽으로 밀어준다는 느낌으로 해준다.

3) 위처럼 팔을 함께 이용하여 몸통 부분을 움직이는 것이 조금 익숙해졌다면, 양손으로 띠(띠가 없을 때는 두 손을 배꼽 앞쪽으로 모아서 힘을 뺀 상태로 고정시켜놓고)를 가볍게 잡아준 상태로 몸통 부분의 움직임에만 집중하여 지도자 구령의 맞춰 한 박자 한 박자씩 앞뒤로 움직여 준다.

1, 2, 3, 4단계를 익혀서 몸통을 자유롭게 움직일 수 있다면, 음악(힙합 음악을 추천) 박자에 맞춰서 연습해보자. (속도는 한 박자에 한번 노래 한 곡 이상 연습)

 TIP

앞에서 지도자가 움직이는 것처럼 어린아이들이 위의 동작을 못 할 경우, 지도자는 아이들의 양쪽 어깨를 잡아 엄지손가락으로 견갑골 부위를 눌러주면서 뒤로 어깨를 접어준다는 느낌으로 당겨주는 방법이 있다.

하체 기본기 훈련법

 태권체조의 기초 단계에서는 여러 가지 발 스텝을 익혀 놓는 것이 중요하다. 우리는 음악에 맞춰 움직이면서 태권도 동작을 해야 하기 때문에 기본 스텝의 중요성은 매우 높다.

 태권체조가 처음 시작되었을 때는 많은 에어로빅 및 댄스 스텝들이 함께 이루어졌었다. 지금도 그 뿌리는 남아있으며, 쉽게 간과하지 못할 부분 중 하나이다. 아이들이 좀 더 쉽게 작품을 배울 수 있도록, 태권체조 수업 전 기본기 연습을 꼭 해주도록 하자.

1. 아르태 태권체조 기본 스텝1- 제자리 Side Step

1) 차렷을 한 상태로 오른발 앞꿈치 부분을 오른쪽으로 약간 벌려주면서 찍었다가 다시 차렷 자세로 돌아온다. 이때 거리는 왼발의 무릎이 구부러지지 않고서 뻗었을 때 오른발이 닿을 수 있는 거리까지만 뻗어준다.

이것을 음악에 맞춰(힙합 음악보다는 박자 템포가 더 빠른 댄스 음악으로) 좌우 번갈아가면서 8박자씩 4번 이상 반복해준다.

어린 유아들 같은 경우, 박자의 속도는 처음에는 한쪽 발을 뻗어주는 데 2박자, 돌아오는 데 2박자로 좌우 한 번씩 뻗어주고 돌아오면 8박자가 되도록 천천히 연습해준다. 어느 정도 반복 연습을 하고 나면 나중에는 한 박자에 뻗었다가 돌아와 줄 수 있게 속도를 점점 더 빠르게 움직여준다.

2) 아이들이 좌우로 발을 뻗어주는 것을 음악에 맞춰서 잘 따라 한다면, 이번에는 발을 조금 더 멀리 옆으로 뻗어주는 것인데, 이때 상체의 높이 변화가 생길 정도로 오른발이 옆으로 뻗어줄 때는 왼발의 무릎을 구부려준다.

  오른발을 뻗을 때는 몸통의 방향이 자연스럽게 왼쪽 45° 대각선을 향하도록 하고, 왼쪽 발을 뻗을 때는 몸의 방향이 오른쪽 45° 대각선을 봐주도록 해주면 딱딱하지 않고 더 자연스럽게 스텝을 해줄 수 있을 뿐만 아니라 동작의 방향이 다양해질 수 있다.

2. 아르태 태권체조 기본 스텝 2- 제자리 Front and Back Step

1) 이번에는 오른쪽부터 발 앞꿈치를 앞쪽으로만 작게 좌우 양쪽 반복해준다.

숙달이 되고 난 후에는 다리를 앞쪽으로 크게 뻗었다가 돌아와 주는 것을 음악에 맞춰 좌우 반복해준다.

2) 오른발부터 음악에 맞춰 뒤쪽 방향으로 좌우 번갈아 가면서 작게 8번 이상 반복해준 다음, 크게 다리를 뻗어주는 것을 8번 이상 반복해준다.

이때 뒤로 크게 발이 이동할 때는 상체가 앞쪽 45°로 숙여주면 다리를 뒤로 더 많이 뻗을 수 있다.

3. 아르태 태권체조 기본 Side Step 응용 1 - 앞뒤 이동

기본 Side Step 첫 번째와 두 번째를 아이들이 음악에 맞춰서 할 정도로 충분히 익숙해졌다면, 이번에는 그 스텝을 이용하여 앞뒤로 이동해보고 손동작과 함께 응용해보자.

전 진

1) 도장 맨 뒤쪽으로 아이들을 모두 밀착시켜 차례대로 줄을 세운 다음, 차렷 자세에서 양손 주먹을 쥐고 허리에 가져다 놓은 상태가 준비 상태이다.

2) 오른쪽으로 오른발을 크게(연령이 낮은 아이들일 경우나 어려워할 경우

발을 옆으로 작게) 뻗었다가 왼발 앞쪽으로 다시 돌아와 준다.

3) 이번에는 오른발은 고정된 상태에서 왼발이 왼쪽으로 발이 뻗었다가 오른발 앞쪽으로 돌아온다. 이때 지도자는 앞에서 일정한 박자로 구령을 넣어주면서 아이들이 앞으로 이동할 수 있도록 수업을 진행한다.

4) 지도자의 구령에 맞춰 아이들이 구분동작을 몸에 익혔다면 이번에는 음악(댄스 음악)에 맞춰 한다.

유아들 같은 경우 처음에는 발이 뻗어질 때 2박자, 돌아오는 것 또한 2박자로 좌우 한 번씩 뻗었다가 돌아오면 총 8박자가 되두록 박자를 맞춰보고 나서, 아이들이 숙달되었을 경우 발을 더 빠르게 한 박자씩 뻗어주고 돌아오면서 앞으로 이동한다.

후진

1) 앞으로 갈 때와 다른 점은, 뒤를 보고 시작하는 것과 뻗었다가 돌아오는 발이 계속해서 고정해 있던 발 뒤로 놓아야 한다는 것이다. 그래야 뒤로 이동하면서 스텝을 할 수 있다.

유치원생들 같은 경우에는 뒤로 이동하면서 중심을 잃거나 어려워하는 경우가 흔하다. 이럴 때에는 앞으로 전진하는 것부터 익숙하게 움직일 수 있을 때까지 음악에 맞춰 반복 훈련을 시켜준다.

4. 아르태 태권체조 기본 Side Step 응용 2- 막기 동작

좌우로 스텝을 하면서 앞뒤로 이동하는 것이 어느 정도 익숙해졌다면, 태권도 품새의 기본동작 몇 가지를 함께 해보자.

아래 막기, 몸통막기, 얼굴 막기

위에 세 가지 기본 막기 동작들을 이용해서 앞서 배운 스텝들과 함께 움직여보자.

1) Side Step을 하면서 전, 후진을 할 때 오른발이 옆으로 뻗을 때는 오른손 막기를 해주고 왼발이 뻗어질 때는 왼손도 같이 막아주는 식으로 좌우 반복을 하면서 이동해준다. 오른발이 뻗었다가 돌아와서 왼발 앞이나 뒤에 놓아질 때 손은 그다음 동작을 위한 예비 손동작을 만들어준다.

예)

처음 오른발 뻗을 때 오른손 아래 막기

왼발 뻗어줄 때 왼손 아래 막기

다시 오른발 뻗을 때 오른손 몸통막기

다음 왼쪽 발 갈 때는 왼손 몸통막기

다시 오른발 뻗을 때 오른손 얼굴 막기

다음 왼발 발 뻗을 때 왼손 얼굴 막기

이런 식으로 하나의 막기 동작이 좌우 한 번씩 이루어진 다음, 다음 막기 동작을 이어서 연습해본다.

5. 아르태 태권체조 기본 스텝 3- 중심이동 U스텝

앞서 했던 기본 스텝들의 몸의 중심은 중앙에 있고 좌우 방향으로 다리를 뻗어주면서 앞뒤로 이동을 하였다. 이번에는 몸의 중심자체가 함께 이동해보는 스텝이다.

1) 차렷을 한 상태에서 오른발을 먼저 오른쪽으로 크게 뻗어준다. 오른발을 오른쪽으로 뻗어준 상태에서 오른발은 가만히 있고, 왼발이 오른발이 갔던 길을 따라가서 다시 양발을 모아주고, 다시 왼쪽으로 똑같이 이동해준다.

2) 여기서 중요한 것은 발이 이동함과 동시에 상체를 낮춰주고, 발을 모아줄 때 상체 높이가 다시 원래 높이 상태로 돌아와 주는데, 마치 어깨선 높이가 로마자 알파벳 U자를 그려주는 것처럼 움직여 준다. 처음에 익숙하지 않은 어린 학생들에게는 상체 높이에 대한 움직임을 요구하지 말고, 먼저 좌우 중심 이동이 음악 박자에 자유로워지도록 숙달시키는 것이 중요하다.

6. 아르태 태권체조 기본 중심이동 U스텝 응용

한 번씩 번갈아 가면서 좌우 이동이 능숙해졌다면, 이번에는 좌우 옆으로 다리를 뻗는 것이 아니라 45° 대각선 옆으로 발을 뻗으며 앞쪽 방향으로 이동해주는 것이다. 마치 지그재그 모양을 그리며 앞으로 이동하는 것과 같다.

이것을 음악에 맞춰 1박자 또는 2박자에 이동할 수 있을 때까지 연습시켜준 뒤, 다음은 뒤로 지그재그 동선으로 이동하는 것을 똑같이 음악에 맞춰서 반복 훈련해준다.

주의 사항

    어린아이들이 1박자에 오른쪽으로 한 번 이동하고 다시 1박자에 왼쪽으로 돌아오는 것을 댄스 음악 박자에 맞추기에는 너무 빠를 수 있다. 그러므로 몸 움직임이 아직 익숙하지 않은 아이들에게는 힙합 음악에 맞춰서 움직이게 하거나 2박자에 한 번씩 이동시키는 것을 추천한다. 이 스텝은 아이들의 리듬감과 몸을 이동하여 태권체조 대형변화를 하는데 효과적인 훈련 방법이라고 할 수 있다.

부록에 나온 훈련 내용은 아래 주소를 통하거나 유투브에서 '아르태'를 검색하여 채널에 들어오시면 보실 수 있습니다.

➡ https://www.youtube.com/c/ArtTaekwondo